# MAGIA CELTA

## ENCANTOS, RITOS E SABEDORIA ANCESTRAL

ALFABETO

Direção Editorial: Edmilson Duran
Produção Editorial: Rackel Accetti
Revisão: Ana Prôa
Ilustrações e capa: Gabi Violeta
Diagramação: Décio Lopes

**DADOS INTERNACIONAIS DE CATALOGAÇÃO NA PUBLICAÇÃO (CIP)**

Valentim, Victor

Magia Celta: encantos, ritos e sabedoria ancestral / Victor Valentim.
Editora Alfabeto, 1ª Edição. São Paulo/SP, 2025.

ISBN 978-65-87905-85-3

1. Magia 2. Tradição Celta I. Título



ALFABETO
www.editoraalfabeto.com.br

**EDITORA ALFABETO**
Rua Ângela Tomé, 109 - Rudge Ramos | CEP: 09624-070
São Bernardo do Campo/SP | Tel: (11)2351.4168
editorial@editoraalfabeto.com.br

A meu pai, Valentim. Sua força e presença sempre foram como raízes profundas de um carvalho sagrado, firmando meu caminho com segurança e proteção.

Assim como os antigos celtas honravam seus ancestrais, honro sua sabedoria, seu amor incondicional e a herança de coragem que carrego em minha essência.

Foi sua presença que me ensinou a respeitar o tempo das coisas, buscar minha verdade e confiar na magia que habita o mundo e dentro de mim.

Que este livro seja um reflexo da jornada que trilhei, guiado pelo espírito da natureza e pelo amor que me fortalece. E que, onde quer que os ventos o levem, a luz da sabedoria celta o envolva, protegendo-o sempre.

# Sumário


Introdução | A Magia Celta: Um Chamado Ancestral ........ 9

Capítulo 1 | Quem Eram os Celtas? ........ 13

Capítulo 2 | A Origem e o Papel dos Druidas ........ 35

Capítulo 3 | Mitologia Celta e seus Deuses ........ 41

Capítulo 4 | Os Festivais Celtas e a Roda do Ano ........ 103

Capítulo 5 | O Ogham e a Linguagem das Árvores ........ 129

Capítulo 6 | Os Símbolos Celtas e seus Significados ........ 169

Capítulo 7 | Práticas Mágicas Celtas e Feitiços Ancestrais ........ 181

Capítulo 8 | Orações Antigas e sua Adaptação Moderna ........ 235

Capítulo 9 | Criando um Caminho Espiritual Celta ........ 245

Capítulo 10 | O Legado dos Celtas nos Dias de Hoje ........ 251

Referências Bibliográficas ........ 255

INTRODUÇÃO

# A Magia Celta: Um Chamado Ancestral

Desde criança, sinto uma conexão especial com a cultura celta. Meu primeiro contato com essa magia ancestral veio pela música. Cresci ouvindo CDs de músicas irlandesas, especialmente Enya, cujas melodias me transportavam para um mundo encantado de florestas, magia e espiritualidade. Essas canções despertaram em mim um chamado profundo, como se houvesse algo de familiar e reconfortante naquela energia. Com elas, comecei a mergulhar cada vez mais na sabedoria dos antigos celtas, buscando entender seus rituais, suas crenças e sua visão de mundo. Essa jornada me guiou até aqui, onde compartilho este conhecimento com você.

Minha vivência com a magia celta também se aprofundou ao longo dos anos por meio do estudo de seus símbolos, mitos e práticas. Aos poucos, fui percebendo que essa conexão não era apenas um interesse, mas sim um reencontro com algo que parecia já fazer parte de mim. A espiritualidade celta me ensinou que a magia está presente em cada detalhe da natureza e que, ao nos alinharmos com seus ciclos, encontramos equilíbrio, força e sabedoria.

Muitas vezes, me sentei sob a sombra das árvores, cercado pelo sussurro do vento entre as folhas e pelo aroma da terra úmida, com um livro sobre magia celta em mãos. Enquanto lia, minha mente vagava para os antigos bosques sagrados, onde druidas caminhavam em silêncio, absorvendo o conhecimento oculto das árvores. Imaginava Avalon surgindo entre a névoa, suas sacerdotisas envoltas em mantos fluindo como água, guardando os mistérios do Outro Mundo. Via Merlin, de olhos profundos e voz carregada de séculos, observando as estrelas em busca de presságios. As histórias celtas tomavam forma ao meu redor e, por instantes, eu não estava mais ali – estava em um tempo e espaço onde a magia pulsava em cada folha, cada rio, cada pedra sagrada.

Foi nesses momentos, entre páginas e árvores, que compreendi que Avalon não era apenas uma lenda distante, mas um reflexo do que mora dentro de nós. O mundo celta não está perdido, ele sobrevive nos corações daqueles que ainda escutam seu chamado. E essa jornada, iniciada na infância, continua a me guiar, me levando cada vez mais fundo nesse oceano de mistério e sabedoria.

## Por que estudar a magia celta nos dias de hoje?

Vivemos em tempos acelerados, em que a desconexão com a natureza se tornou algo comum. No entanto, a magia celta nos lembra de que somos uma extensão da terra, do vento, da água e do fogo. A prática da magia natural nos reconecta com essas forças essenciais, permitindo que possamos harmonizar nossa energia com o fluxo do universo.

Os antigos celtas compreendiam profundamente os ritmos da natureza e utilizavam essa sabedoria para trazer prosperidade, proteção e bem-estar. Hoje, ao estudarmos a magia celta, resgatamos esse conhecimento e aplicamos suas práticas em nosso cotidiano, por meio de rituais simples, banhos energéticos, encantamentos com ervas ou celebrações dos ciclos sazonais. A magia celta é um caminho de autoconhecimento e de sintonia com o mundo ao nosso redor, nos permitindo acessar um estado de harmonia e plenitude.

## A conexão com a natureza e os ciclos sagrados

A espiritualidade celta é baseada na observação dos ciclos da terra e no respeito à energia que flui em todas as formas de vida. Para os celtas, cada estação do ano possuía um significado profundo, representando não apenas as mudanças climáticas, mas também a renovação da alma e os momentos de introspecção e expansão.

Os festivais celtas, como Samhain, Beltane e Lughnasadh, eram celebrados para marcar essas transições e fortalecer a ligação entre os homens e o mundo espiritual. Essas tradições nos ensinam que estamos em constante transformação e que honrar os ciclos naturais nos ajuda a compreender nosso próprio crescimento e nossa evolução.

Desde criança, sinto essa conexão de forma muito intensa. Em momentos de chuva, parece que minha alma se harmoniza com o ritmo das gotas caindo. Quando o vento sopra forte, sinto sua força dentro de mim. O calor do sol sempre me energiza, e as noites frias me convidam à introspecção. Acredito que somos uma extensão da natureza, que nossos sentimentos e estados internos refletem os movimentos do mundo natural.

Os celtas também acreditavam que cada elemento da natureza possuía um espírito e que as árvores, os rios e as montanhas eram moradas sagradas de seres encantados. Essa visão espiritual nos convida a cultivar uma relação de respeito com a terra, compreendendo que somos parte de um todo maior e que nossa conexão com a natureza é, na verdade, um reflexo de nossa conexão interna. Ao nos alinharmos com os ciclos da Terra, nos alinhamos também com nossa própria essência.

## CAPÍTULO 1

# Quem Eram os Celtas?

A história dos celtas remonta a milhares de anos, com suas primeiras evidências arqueológicas datando da Idade do Bronze, por volta de 1200 a.C.. Seu nome deriva do termo grego *Keltoi*, usado pelos historiadores da Antiguidade para descrever grupos de povos que habitavam a Europa Central. No entanto, os celtas não se viam como um povo homogêneo, mas sim como uma rede de tribos interligadas por uma cultura comum, baseada em valores espirituais, práticas mágicas e uma forte conexão com a natureza.

As primeiras evidências concretas da cultura celta surgem no período Hallstatt (1200-450 a.C.), nomeado a partir de um importante sítio arqueológico na Áustria, onde foram encontrados artefatos, como armas, joias e objetos rituais. Essa cultura foi seguida pelo período La Tène (450 a.C. – 1 d.C.), caracterizado por uma arte ricamente detalhada e pelo desenvolvimento de sociedades guerreiras que se expandiram por grande parte da Europa.

Os celtas se espalharam por diversas regiões, incluindo Irlanda, Escócia, País de Gales, Bretanha, França, Espanha e partes da Alemanha e Itália. Apesar de compartilharem uma língua e crenças espirituais semelhantes, suas tribos eram independentes, sem um governo centralizado, o que os diferenciava de impérios como o romano. Sua estrutura social era organizada em clãs liderados por chefes tribais e guiados espiritualmente pelos druidas, figuras centrais na sociedade celta, responsáveis por aconselhamento, ritos religiosos e preservação da tradição oral.

A expansão celta sofreu um forte impacto com a chegada do Império Romano. Durante os séculos I a.C. e I d.C., os romanos conquistaram grande parte das regiões habitadas pelos celtas, como a Gália e a Britânia. Apenas na Irlanda e em partes da Escócia e do País de Gales, a cultura celta conseguiu se manter mais intacta, devido à dificuldade de acesso e resistência das tribos locais. Posteriormente, com a cristianização da Europa, a espiritualidade e os mitos celtas foram sendo incorporados a novas tradições religiosas e sobreviveram por intermédio de registros medievais, como os *Manuscritos de Lebor Gabála Érenn (Livro das Invasões da Irlanda)* e os mitos arturianos.

A cultura celta continua a influenciar o mundo moderno, especialmente na espiritualidade e na magia natural. Seus festivais, como Samhain, Beltane e Lughnasadh, são celebrados até hoje em práticas pagãs e neopagãs, e seu simbolismo ainda está presente na arte, na literatura e nas tradições populares.

## A cultura e a sociedade celta

Os celtas possuíam uma sociedade estruturada e hierárquica, dividida em diversas camadas, sendo os principais grupos compostos por guerreiros, artesãos, agricultores e druidas. Cada um desses grupos desempenhava um papel essencial para o funcionamento das tribos, garantindo sua prosperidade, defesa e conexão com o mundo espiritual.

A figura dos druidas era de extrema importância, pois, além de sacerdotes, eram juízes, conselheiros, professores e guardiões do conhecimento ancestral. Eles detinham vasto saber sobre leis tribais, astronomia, medicina herbal, magia e rituais sagrados, e ainda eram responsáveis pela preservação da tradição oral. Não havia registros escritos de sua doutrina, já que se acreditava que o conhecimento deveria ser transmitido oralmente, garantindo que apenas os iniciados tivessem acesso a ele. Os druidas também atuavam como mediadores entre os humanos e os deuses, conduzindo cerimônias nos bosques sagrados e nos círculos de pedra.

Os celtas viviam em tribos lideradas por reis ou chefes, cuja autoridade era baseada no respeito e na força. Essas tribos formavam comunidades autossuficientes, compostas por diversas famílias que compartilhavam terras e recursos. Suas aldeias eram organizadas em torno de fortificações chamadas "*oppida*" (ou *oppidum*), grandes assentamentos murados que serviam como centros políticos e comerciais. Essas fortalezas protegiam a população e armazenavam provisões, além de servirem como pontos estratégicos em tempos de guerra.

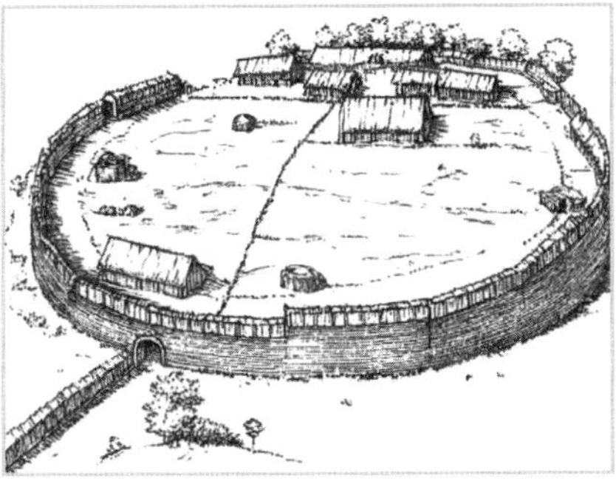

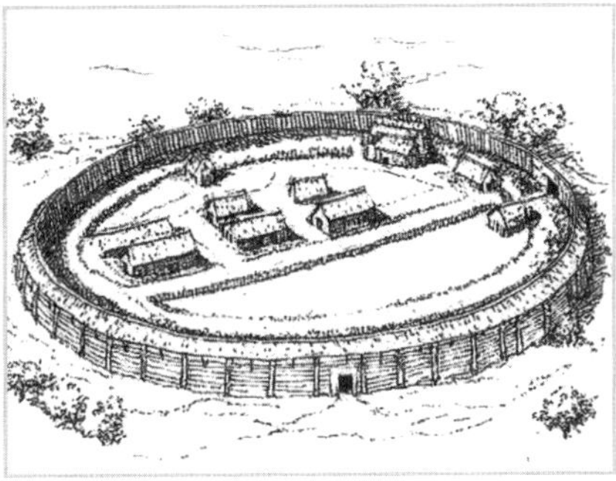

A economia celta se baseava, principalmente, na agricultura e na criação de gado, e não se media a riqueza de um indivíduo apenas em ouro ou terras, mas também pelo tamanho de seus rebanhos e pela fartura de suas colheitas. O comércio entre tribos e com outras civilizações, como os gregos e romanos, era comum, e os celtas eram conhecidos por sua habilidade na metalurgia, especialmente na confecção de armas, joias e utensílios ornamentados.

A hospitalidade aparecia como um dos valores fundamentais da cultura celta. O compartilhamento de comida, bebida e abrigo era considerado sagrado, e negar hospitalidade a um viajante ou desconhecido poderia trazer desonra a uma família. Os banquetes aconteciam com frequência, regados a hidromel e cerveja, nos quais histórias e canções eram compartilhadas ao redor do fogo. A música e a poesia eram altamente valorizadas, sendo bardos, poetas e contadores de histórias os responsáveis por manter viva a memória dos heróis e antepassados.

Além da organização social e cultural, os celtas possuíam uma relação profunda com a natureza e o mundo espiritual. Acreditavam que cada elemento natural possuía um espírito e que as árvores, os rios e as montanhas eram moradas de seres encantados. Essa conexão espiritual influenciava todas as áreas da vida celta, desde a guerra até as celebrações religiosas, tornando sua cultura uma das mais místicas e fascinantes da Antiguidade.

## O sagrado feminino e masculino na tradição celta

A cultura celta valorizava tanto as energias femininas quanto as masculinas, vendo-as como forças complementares que sustentavam o equilíbrio do mundo. As deusas celtas, como Brigid e Danu, representavam a fertilidade, a cura, a inspiração e a sabedoria, enquanto os deuses, como Dagda e Lugh, simbolizavam a força, a criatividade e a proteção. Essas divindades eram profundamente ligadas à natureza e aos ciclos da vida, refletindo a interconexão entre o divino e o mundo natural.

As mulheres celtas ocupavam posições de destaque na sociedade e podiam ser guerreiras, rainhas e sacerdotisas, exercendo poder político, espiritual e militar. A soberania de uma terra era frequentemente personificada por deusas, como Rhiannon e Morrigan, que concediam o direito de governar apenas àqueles que se mostravam dignos, reforçando a importância do feminino na liderança e no destino dos povos.

Os celtas também tinham o costume de dar nomes femininos aos rios, os associando a deusas ligadas à fertilidade e à nutrição da terra. Muitos rios que atravessavam as terras celtas levavam nomes de divindades femininas, refletindo a crença de que a água era uma força viva e sagrada. O rio Boyne, na Irlanda, por exemplo, era dedicado à deusa Boann, símbolo da abundância e do conhecimento. O rio Sena, na França, era associado à deusa Sequana, protetora das águas e da cura. Essas águas eram vistas como fontes de renovação e poder espiritual, conectando o mundo terreno ao divino.

Na tradição celta, o equilíbrio entre o sagrado feminino e masculino era essencial para a harmonia da natureza e da sociedade, sendo celebrado em rituais e mitos que honravam tanto deusas quanto deuses como partes indispensáveis da criação e do cosmos.

## A visão celta sobre o mundo e os elementos

Para os celtas, o mundo era dividido em três reinos sagrados: a Terra, o Mar e o Céu. Esses três mundos não eram apenas divisões físicas, mas representavam aspectos espirituais e energéticos que influenciavam toda a existência. Os druidas, como mediadores entre esses planos, compreendiam que a harmonia entre eles era essencial para a vida e para a conexão com os deuses e os espíritos da natureza.

Uma das formas mais belas de visualizar essa concepção está na árvore sagrada, um dos símbolos mais importantes da espiritualidade celta. Assim como uma árvore se sustenta e se equilibra entre seus diferentes níveis, o mundo celta também era composto por três camadas interligadas:

- **As raízes** – Representam o Mar, o reino das águas profundas e das energias ocultas. Simbolizam a origem da vida, a ancestralidade e a conexão com o subconsciente e os mistérios espirituais. Assim como as raízes buscam alimento no solo e na umidade, os celtas acreditavam que o mar era fonte de conhecimento intuitivo e da renovação da alma.

- **O tronco** – Representa a Terra, o reino da estabilidade, da fertilidade e da existência material. É o ponto de conexão entre o Céu e o Mar, entre os espíritos e os seres humanos. Assim como o tronco sustenta a árvore e lhe dá firmeza, a terra é o domínio do cotidiano, da vida prática e das relações humanas.
- **A copa** – Representa o Céu, o reino da inspiração, da expansão e do divino. Assim como a copa de uma árvore se ergue em direção ao alto, buscando a luz do sol, os celtas acreditavam que o céu era o domínio dos deuses e das forças cósmicas que guiavam a vida. É o espaço da sabedoria, da espiritualidade e da visão mais elevada sobre o mundo.

  Além dessa ligação com a Árvore da Vida, essa conexão entre os três mundos também se refletia nos três elementos essenciais para os celtas:
- **Os Mares (Água)** – Associados às emoções, à intuição e ao fluxo da vida. Os rios e oceanos eram considerados portais espirituais e fontes de cura e renovação.
- **As Montanhas (Terra)** – Representavam a força, a estabilidade e a conexão com os ancestrais. Eram locais sagrados onde os druidas realizavam rituais, cerimônias e conexões espirituais, pois acreditavam que essas elevações permitiam uma maior proximidade com os deuses e os espíritos do Outro Mundo.
- **Os Céus (Ar)** – O domínio do conhecimento e da inspiração divina. Os celtas observavam atentamente os astros, o voo dos pássaros e os sinais do vento para interpretar mensagens espirituais e compreender os desígnios dos deuses.

Outro elemento essencial e profundamente sagrado para os celtas era o Fogo. Mais do que um simples elemento natural, era visto como a manifestação direta do divino, um elo sagrado entre os mundos e a principal forma de conexão com os deuses. O fogo simbolizava a transformação, a energia vital e a presença espiritual, representando tanto a luz celestial quanto o calor que sustentava a vida na Terra.

Os celtas acreditavam que as chamas carregavam preces e oferendas aos deuses, sendo, por isso, parte essencial de seus rituais e de suas cerimônias sagradas. O fogo era utilizado para purificar lares e corpos espirituais, e para proteger contra influências negativas, além de ser um canal de comunicação direta com os espíritos e as divindades.

Grandes festivais, como Beltaine e Samhain (sobre os quais falarei mais à frente), eram celebrados com fogueiras sagradas. Os druidas acendiam chamas rituais para invocar proteção, renovação e conexão com os deuses e os ancestrais. Durante essas festividades, era comum saltar sobre as chamas como um ato de purificação e bênção, fortalecendo a ligação entre o humano e o sagrado.

Para os celtas, o Fogo era mais do que um elemento – ele era uma presença viva e divina, carregando consigo a força dos deuses, o poder da criação e a chama eterna da espiritualidade.

Essa visão cósmica demonstrava que os celtas não viam o mundo de forma fragmentada, mas sim como um todo interligado, em que cada parte influenciava a outra. Assim como uma árvore precisa de raízes fortes, um tronco firme e galhos saudáveis para crescer, a vida também dependia do equilíbrio entre os três mundos. Essa conexão profunda com a natureza guiava suas crenças, seus rituais e a própria forma como enxergavam a existência.

## A influência da cultura celta nos dias de hoje

Mesmo com o passar dos séculos e com todas as transformações que a civilização celta sofreu, sua essência ainda resiste. Os romanos e o cristianismo tentaram apagar sua cultura, mas muitos de seus valores e práticas permanecem vivos. Festivais ancestrais, como Samhain e Beltane, ainda são celebrados, e a conexão com essa espiritualidade cresce cada vez mais.

A magia celta nos ensina a enxergar a natureza como um templo sagrado, a respeitar os ciclos da vida e a nos reconectar com nossa essência. Eu sempre senti essa ligação de forma muito natural, como se fosse um conhecimento que já estava dentro de mim. O vento sussurrando entre as árvores, a energia das águas e o brilho das estrelas sempre me fizeram sentir parte de algo maior, algo que os celtas compreendiam há milhares de anos.

Os ancestrais celtas não estão apenas no passado, mas presentes na energia do mundo ao nosso redor. Quando caminhamos por uma floresta, quando sentimos a terra sob nossos pés ou quando observamos o fogo de uma vela dançando no escuro, estamos tocando essa sabedoria antiga. Eles nos ensinam que tudo está vivo, tudo tem espírito e tudo está interligado – e essa conexão ainda pode ser sentida por qualquer um que deseje se abrir para ela.

O mais curioso é que muitas tradições celtas ainda estão presentes no nosso dia a dia, mesmo que nem sempre percebamos. O Halloween, por exemplo, tem suas origens no Samhain, um festival que celebrava o fim da colheita e o início da metade escura do ano. Durante essa época, o véu entre os mundos ficava mais fino, permitindo o contato com os ancestrais e os espíritos da natureza. Além disso, símbolos como as espirais, o triskle e os nós celtas continuam sendo usados em joias, artes e tatuagens, como formas de proteção e conexão com o sagrado.

Estudar os celtas sempre foi, para mim, mais do que apenas conhecer um povo antigo. É um reencontro com algo que nunca deixou de existir, um fio invisível que nos liga ao passado e que ainda pulsa dentro de nós. Se você já sentiu uma conexão inexplicável com a natureza, um chamado vindo do vento ou um arrepio ao tocar a terra úmida, talvez essa ancestralidade também esteja dentro de você.

Nos próximos capítulos, vamos mergulhar ainda mais fundo na mitologia celta, em seus deuses e nos rituais que mantêm essa tradição viva até os dias de hoje. E quem sabe, ao longo desse caminho, você também sinta esse chamado e descubra que essa energia sempre esteve ao seu lado.

## Neopaganismo e o resgate da espiritualidade celta

O termo neopaganismo é utilizado para descrever um conjunto de crenças espirituais modernas que buscam resgatar e reinterpretar antigas tradições pagãs, incluindo a espiritualidade celta. Diferentemente do paganismo original, que era transmitido de forma oral e sem registros escritos, o neopaganismo surge no século XX como um movimento estruturado, reunindo diversas vertentes espirituais que honram os antigos deuses, os espíritos da natureza e os ciclos sagrados da Terra.

Entre as tradições neopagãs que possuem forte influência celta, destacam-se:

- **Neodruidismo** – Inspirado nos antigos druidas celtas, esse movimento busca restaurar os princípios espirituais e filosóficos do druidismo, promovendo rituais ligados à natureza, ao conhecimento sagrado e ao respeito pelos ciclos da Terra. Embora existam diferentes ordens druidistas modernas, como a Order of Bards, Ovates & Druids (OBOD) e a Ár nDraíocht Féin (ADF), todas compartilham a valorização da sabedoria ancestral e do equilíbrio espiritual.
- **Reconstrucionismo celta** – Ao contrário de outras vertentes neopagãs que adaptam práticas espirituais para o mundo moderno, os reconstrucionistas celtas buscam restaurar fielmente as tradições religiosas dos povos celtas antigos, com base em textos históricos, registros arqueológicos e práticas preservadas na cultura popular de países como Irlanda, Escócia e País de Gales. Seu foco está na autenticidade dos rituais e das crenças, honrando deuses, espíritos e festivais da forma mais próxima possível à que os celtas praticavam.

A influência celta continua viva em rituais, festivais, músicas, literatura e na forma como muitas pessoas encontram conexão com a natureza e os elementos. Resgatar esse conhecimento ancestral nos ajuda a compreender nossa jornada, trazendo inspiração, força e um sentido mais profundo de pertencimento ao sagrado.

Nos próximos capítulos, vamos nos aprofundar ainda mais na mitologia celta, em seus deuses e nos rituais que preservam essa tradição até os dias de hoje.

## O conceito de Outro Mundo e a relação com os seres encantados

Os celtas acreditavam em um Outro Mundo, uma dimensão espiritual paralela à nossa, onde habitavam os deuses, ancestrais e seres encantados. Esse reino invisível não era visto como um paraíso distante ou uma morada dos mortos no sentido cristão, mas sim como uma realidade sempre presente, acessível em momentos e locais específicos. O véu entre os mundos não era algo fixo, e sim uma fronteira fluida, que se tornava mais tênue em determinados momentos e em certos lugares da natureza.

Entre os portais naturais que permitiam a conexão entre os mundos, as árvores antigas ocupavam um papel central. Os celtas acreditavam que algumas árvores eram portais vivos para o Outro Mundo, especialmente aquelas com troncos ocos ou raízes retorcidas que formavam passagens naturais. Essas árvores eram mais do que simples seres veneráveis: eram portas para aqueles que estivessem prontos – ou dispostos – a atravessar.

Essa ideia pode ser vista em histórias modernas, como *Alice no País das Maravilhas*, de Lewis Carroll, em que a protagonista atravessa a toca do coelho e desperta em um mundo mágico. Da mesma forma, os celtas contavam lendas de viajantes que desapareciam ao entrar no tronco de uma árvore ou que, ao se deitarem sob um carvalho sagrado, eram transportados para um reino encantado. O tempo no Outro Mundo fluía de maneira diferente, e aqueles que cruzavam essa fronteira muitas vezes retornavam transformados, ou então jamais eram vistos novamente.

Esse conceito reforçava o profundo respeito que os celtas tinham pelas árvores e pelos espíritos da natureza. Muitas áreas das florestas eram consideradas sagradas, e eles costumavam deixar oferendas ao pé de certas árvores para honrar os seres que ali habitavam. Não se tratava de superstição, mas de um conhecimento ancestral sobre a presença dos espíritos na natureza e sobre os mistérios que não deveriam ser ignorados.

Mesmo nos dias de hoje, quando caminhamos por uma floresta e nos deparamos com uma árvore de tronco oco ou uma fenda em meio às raízes, há algo de instintivo e ancestral que nos faz parar e observar. Talvez essa sabedoria nunca tenha se perdido – apenas aguarda que estejamos prontos para escutar os sussurros do vento entre as folhas e perceber que, assim como Alice, podemos estar diante da passagem para algo muito maior do que imaginamos.

## Os portais para o Outro Mundo

Os celtas acreditavam que certos lugares naturais eram portais para o Outro Mundo, onde o véu entre as dimensões era mais fino. Esses locais eram considerados sagrados e misteriosos, pontos de grande energia nos quais os seres encantados, os ancestrais e os deuses podiam se manifestar.

- **Colinas e montes sagrados** – Muitas colinas na Irlanda e na Bretanha eram associadas aos Sidhe, seres sobrenaturais que viviam em reinos ocultos sob a terra. Esses locais eram respeitados como moradas dos antigos deuses e espíritos, e acreditava-se que entrar neles sem permissão poderia trazer consequências severas.
- **Lagos e fontes sagradas** – A água era vista como um elemento de transição entre os mundos. Muitas tradições celtas falam de lagos mágicos que escondem reinos inteiros sob sua superfície ou de fontes sagradas que concediam conhecimento e cura a quem bebesse de suas águas. A própria Dama do Lago, da lenda arturiana, é um resquício dessa crença.
- **Cavernas e grutas** – Algumas cavernas eram consideradas passagens para o Outro Mundo, sendo, assim, uma representação da entrada para o desconhecido. Nessas profundezas, druidas e xamãs realizavam rituais para se conectar com forças espirituais e receber visões sagradas.
- **Névoas e brumas** – Assim como os mares e as florestas densas, a névoa era um símbolo de transição entre os mundos. Muitas

histórias celtas narram viajantes que desapareceram na névoa e reapareceram anos depois, sem perceber que o tempo havia passado de forma diferente para eles.

Os celtas compreendiam que esses lugares exigiam respeito e reverência, pois eram limiares entre os mundos. Acreditavam que aqueles que ousassem atravessar sem permissão poderiam se perder para sempre ou retornar transformados. Esse mistério permanece até os dias de hoje, e muitos ainda sentem um arrepio ou um chamado inexplicável ao visitar locais de intensa energia na natureza.

O povo celta via a natureza como algo vivo e sagrado, um reflexo tanto do mundo material quanto do espiritual. Árvores, águas, colinas e brumas eram portais entre os mundos, e aqueles que soubessem perceber os sinais poderiam se conectar com o divino e com os espíritos antigos. Esse conhecimento ancestral ainda pulsa nas florestas, nas pedras e nos ventos, esperando para ser redescoberto por aqueles que estiverem prontos para ouvir seu chamado.

## A jornada ao Outro Mundo

Muitos mitos celtas falam de heróis e druidas que viajaram para essa dimensão e retornaram com conhecimento, bênçãos ou desafios espirituais. Esses contos mostram que o Outro Mundo não era um local acessível apenas na morte, mas um reino que poderia ser visitado por aqueles com coragem e preparo espiritual. No entanto, essa jornada não era isenta de perigos – o Outro Mundo se mostrava tanto como um lugar de revelações quanto de provações.

Os celtas viam essa dimensão com um profundo respeito e reverência, pois acreditavam que ela abrigava os deuses, os ancestrais e os espíritos encantados. Muitos locais naturais eram considerados portais para esse reino, como florestas densas, lagos sagrados e colinas misteriosas, e mexer nesses lugares sem permissão poderia despertar a ira das entidades que lá habitavam. Esse temor era reforçado pelas histórias de pessoas que acidentalmente cruzavam o limiar entre os mundos e nunca mais retornavam.

As jornadas ao Outro Mundo frequentemente envolviam desafios difíceis, como testes de sabedoria, batalhas espirituais ou a necessidade de resistir a tentações. Em muitas lendas, aqueles que comiam ou bebiam no Outro Mundo ficavam presos para sempre, incapazes de retornar à Terra. Esse detalhe reforçava o perigo de se envolver demasiadamente com esse reino: mesmo os mais sábios podiam cair em suas armadilhas.

Outro grande risco era o tempo fluindo de maneira diferente. Em algumas histórias, um viajante ficava apenas uma noite no Outro Mundo, mas, ao retornar, descobria que séculos haviam se passado no mundo humano. Muitas vezes, essas pessoas percebiam que tudo o que conheciam havia desaparecido, seus amigos e suas famílias não existiam mais, e elas não tinham mais um lugar no mundo terreno. Isso fazia com que o medo de desaparecer no Outro Mundo fosse tão grande quanto o fascínio por ele.

Essa relação profunda entre os celtas e o Outro Mundo revela uma visão de realidade em que o visível e o invisível coexistem, interligados pelos ciclos da natureza e pelos portais sagrados. Para eles, o Outro Mundo não era um lugar distante ou inatingível, mas sim uma dimensão sempre presente, esperando para ser descoberta por aqueles que buscavam sabedoria, magia e conexão espiritual. Entretanto, essa busca exigia prudência, pois nem todos que atravessavam seus portais retornavam da mesma forma – ou nem sequer retornavam.

## Avalon – A ilha sagrada do Outro Mundo

Avalon é um dos mistérios mais profundos da tradição celta, um reino envolto em névoas, onde a magia, a cura e o conhecimento se entrelaçam. Para muitos, Avalon não é apenas um lugar perdido no tempo, mas um estado de espírito, um portal para um mundo onde o sagrado e o terreno se encontram. Seu nome, associado às maçãs encantadas da imortalidade, ecoa nas lendas arturianas e nos mitos celtas como um refúgio de sabedoria e renascimento.

Na antiga tradição, Avalon era um domínio sagrado, acessível apenas àqueles que possuíam olhos para ver além da realidade comum. Era descrito como uma terra de brumas, onde sacerdotisas e druidas guardavam os mistérios do universo e da alma. Um local de aprendizado e transcendência, onde o tempo fluía de maneira diferente e onde aqueles que ali chegavam encontravam cura e transformação.

O vínculo entre Avalon e a espiritualidade celta é profundo. Está ligado às figuras de Morgana, a sacerdotisa, e da Dama do Lago, guardiãs dos saberes ocultos. Dizem que foi em Avalon que o rei Arthur foi levado após sua última batalha, para repousar até o momento em que seu povo precisasse dele novamente. Assim, Avalon se tornou um símbolo do eterno retorno, da renovação e do conhecimento ancestral que nunca se perde, apenas aguarda para ser redescoberto.

Avalon não é um lugar encontrado em mapas. A ilha está além do alcance físico, escondida no Outro Mundo celta, acessível apenas para aqueles que aprendem a navegar entre os véus da realidade. Ela representa a busca pelo sagrado dentro de nós mesmos, a travessia espiritual de quem procura respostas além do visível.

Aqueles que trilham o caminho da magia celta frequentemente sentem o chamado de Avalon. Suas névoas envolvem os sonhadores, os buscadores e os guardiões da antiga sabedoria. Ao se conectar com Avalon, não se busca um lugar distante, mas sim um reencontro com a essência da alma e com os segredos que ecoam através dos tempos.

## Os seres encantados e sua verdadeira natureza

Os seres encantados, como as fadas, os Sidhe e os Tuatha Dé Danann, eram habitantes desse reino. Diferentemente da visão moderna de fadas pequenas e dóceis, os celtas viam essas entidades como seres poderosos, misteriosos e muitas vezes imprevisíveis.

Os Tuatha Dé Danann, cujo nome significa "Povo da Deusa Danu", eram um grupo de seres sobrenaturais que, segundo a mitologia irlandesa, governaram a Irlanda antes da chegada dos humanos mortais. Eles eram descritos como guerreiros, magos e sábios de grande poder, possuindo conhecimento profundo da magia, da natureza e das artes. Acredita-se que eram descendentes da deusa-mãe Danu e que suas habilidades divinas os tornavam praticamente imortais.

De acordo com os antigos textos irlandeses, os Tuatha Dé Danann vieram de terras misteriosas através das brumas, trazendo consigo quatro tesouros sagrados: a Lança de Lugh, a Espada de Nuada, o Caldeirão de Dagda e a Pedra de Fal. Após sua derrota pelos humanos, acredita-se que eles se retiraram para o Outro Mundo, habitando montes, colinas e locais sagrados, se tornando os Sidhe – espíritos encantados que passaram a viver entre os véus da realidade.

Os celtas não os viam como divindades distantes, mas como forças presentes na terra, capazes de abençoar ou punir aqueles que os honrassem ou desrespeitassem. Por isso, até hoje, muitos lugares na Irlanda e na Escócia são considerados sagrados, e há quem evite mexer em certas colinas e árvores que, segundo a tradição, pertencem aos antigos Tuatha Dé Danann.

Na tradição celta, os Sidhe eram descendentes dos Tuatha Dé Danann, os antigos deuses da Irlanda que teriam sido expulsos para o Outro Mundo quando os humanos chegaram. Por isso, eram vistos como seres nobres e imortais, mas que podiam tanto ajudar quanto prejudicar aqueles que não os respeitassem. Algumas regras eram seguidas para garantir uma relação harmoniosa com eles:

- Nunca invocar ou chamar um Sidhe pelo nome diretamente, pois isso poderia atrair sua atenção indesejada.
- Deixar oferendas em determinados locais naturais, como pedras ou árvores sagradas, para demonstrar respeito.
- Evitar entrar em colinas encantadas ou perturbar círculos de cogumelos, pois esses eram considerados lugares de dança e encontro dos seres encantados.

Além das fadas, outros seres do Outro Mundo faziam parte das crenças celtas, cada um com características e propósitos distintos. Entre eles, estavam os Pukas, Kelpies e Banshees, criaturas mágicas que podiam influenciar a vida dos humanos de formas inesperadas. Conheça esses e outros seres a seguir:

- **Pukas** – Eram seres travessos e mutáveis, conhecidos por sua habilidade de mudar de forma. Podiam assumir a aparência de cavalos, coelhos, gatos, cães ou até mesmo de seres humanos, muitas vezes com olhos brilhantes ou traços sobrenaturais. Os Pukas eram imprevisíveis: em algumas histórias, ajudavam os camponeses trazendo boas colheitas ou guiando viajantes perdidos, mas, em outras, pregavam peças assustadoras, levando pessoas a caminhos errados ou causando confusão.

- **Kelpies** – Eram espíritos aquáticos que habitavam rios e lagos, frequentemente assumindo a forma de cavalos negros com crinas molhadas e brilhantes. Embora pudessem parecer belos e majestosos, os Kelpies eram perigosos e muitas vezes arrastavam aqueles que tentavam montá-los para as profundezas das águas, onde desapareciam sem deixar rastros. Algumas lendas afirmam que os Kelpies também podiam tomar forma humana para enganar os viajantes e atraí-los para seus domínios.

- **Banshees** – Conhecidas como mensageiras espirituais, as Banshees estavam associadas às grandes linhagens familiares da Irlanda e da Escócia. Acreditava-se que apareciam para anunciar a morte de um membro da família, emitindo um lamento fúnebre que podia ser ouvido à distância. Essas figuras eram descritas como mulheres etéreas de longos cabelos e vestes esvoaçantes, às vezes belas e jovens, outras vezes velhas e sombrias. Apesar de seu aspecto assustador, elas não eram consideradas ameaçadoras, mas sim guardas espirituais que alertavam as famílias sobre a passagem de seus entes queridos para o Outro Mundo.
- **Selkies** – Eram espíritos marinhos do folclore celta profundamente interligados às focas, pois vivem no oceano como esses animais e só assumem forma humana ao retirar sua pele de foca. Essa pele é essencial para sua transformação e conexão com o mar, e, se for perdida ou roubada, a Selkie fica presa no mundo humano, incapaz de retornar às águas. Muitas lendas narram histórias de Selkies forçadas a viver entre os humanos até recuperarem sua pele, momento em que abandonam tudo e retornam ao oceano, reafirmando sua verdadeira natureza marinha.

- **Dullahan** – Uma entidade espectral sem cabeça, muitas vezes vista montada em um cavalo negro e carregando sua própria cabeça sob o braço. Diziam que, quando o Dullahan parava em frente a uma casa, significava que alguém ali estava prestes a morrer. Seu olhar era letal, e qualquer um que o visse poderia ser amaldiçoado. Enquanto as Banshees apenas anunciavam a morte, o Dullahan era um arauto da própria Morte, um espírito ceifador que não podia ser detido.

- **Clurichauns** – Parecidos com os Leprechauns, os Clurichauns eram pequenos seres mágicos amantes da bebida e da farra. Enquanto os Leprechauns eram conhecidos por guardar suas riquezas e fabricar sapatos, os Clurichauns preferiam esvaziar barris de cerveja e vinho. Segundo a lenda, eram protetores das adegas e ficavam extremamente irritados se alguém tentasse impedi-los de festejar.

- **Fomorianos** – Criaturas gigantes e deformadas que representavam o caos e a destruição nas lendas celtas. Eram considerados os inimigos das tribos celtas e frequentemente descritos como seres de aparência monstruosa, com um olho só, membros assimétricos ou feições animalescas.

- **Merrows** – As Merrows eram as sereias das lendas celtas, vivendo nas profundezas do oceano. Ao contrário das sereias de outras culturas, as Merrows eram frequentemente descritas como bondosas, mas podiam atrair humanos para o mar, onde eles nunca mais eram vistos. Um dos elementos mais marcantes dessas criaturas era o seu gorro mágico, conhecido como *cohuleen druith* – geralmente descrito como um gorro ou manto vermelho, feito de tecido encantado. Esse gorro lhes permitia nadar livremente pelas águas profundas e também respirar debaixo d'água. Sem ele, as Merrows não podiam retornar ao mar, tornando-se prisioneiras da terra. Algumas lendas contam sobre homens que se apaixonaram por Merrows e roubaram esse gorro mágico para impedir que voltassem ao oceano. No entanto, assim como acontece nas histórias das Selkies, uma vez que a Merrow recuperava seu gorro, partia para sempre, retornando às profundezas do mar e deixando para trás sua vida entre os humanos.

- **Cait Sidhe** – Um enorme gato negro com uma mancha branca no peito, que se dizia ser um espírito sobrenatural. Algumas histórias afirmam que era uma fada na forma de um gato, enquanto outras acreditavam que eram bruxas transformadas. Nos festivais celtas, deixavam leite como oferenda para o Cait Sidhe, pois temiam que ele roubasse as almas dos mortos antes que pudessem partir para o Outro Mundo.

O Outro Mundo celta era repleto de seres mágicos, cada um desempenhando um papel nas histórias e na cultura do povo. Essas criaturas, misteriosas e fascinantes, mantêm vivo o legado da mitologia celta, conectando o mundo natural ao místico e mostrando que a fronteira entre o humano e o sobrenatural sempre foi tênue.

CAPÍTULO 2

# A Origem e o Papel dos Druidas

Os druidas eram os sacerdotes, sábios e líderes espirituais dos celtas. Sua origem remonta a tempos antigos, sendo mencionados por historiadores clássicos, como Júlio César, que descreveu sua influência e autoridade sobre as tribos celtas na obra *Comentários sobre a Guerra da Gália*. Para os romanos, os druidas eram figuras misteriosas, com um poder que transcendia a religião e se estendia para a justiça, a medicina, a profecia e até a política.

O termo "druida" não se referia apenas a um ofício, mas a uma verdadeira classe de sábios e eruditos, um título de grande mérito que era concedido àqueles que alcançavam um nível elevado de conhecimento e sabedoria. Assim, tornar-se druida era um feito que exigia profundo aprendizado e dedicação, sendo um reconhecimento máximo dentro da sociedade celta.

Os druidas não apenas realizavam rituais religiosos, como também atuavam como juízes, curandeiros, conselheiros e intérpretes dos sinais da natureza. Eram os guardiões do conhecimento sagrado e tinham um papel fundamental na preservação da cultura celta, orientando tanto os reis quanto os guerreiros.

O treinamento druídico era rigoroso e extenso, podendo levar até vinte anos. Todo o conhecimento era transmitido oralmente, um costume que reforçava a necessidade de memorização e absorção profunda dos ensinamentos. Os druidas dominavam diversas áreas do saber, incluindo astronomia, medicina herbal, filosofia, divinação e magia ritualística. Sua conexão com os elementos e com o mundo espiritual os tornava figuras essenciais para a manutenção do equilíbrio nas tribos celtas.

## A filosofia druídica e a conexão com a natureza

Os druidas viam a natureza como um grande templo sagrado, onde cada árvore, rio, montanha e pedra possuía um espírito e uma energia própria. Para eles, a sabedoria não estava apenas nos livros ou na tradição oral, mas também na observação da Terra, no estudo dos ciclos naturais e na profunda conexão com o invisível. Eles acreditavam que a comunicação com essas forças da natureza era essencial para manter a harmonia da vida e compreender a ordem do mundo.

A filosofia druídica, além de espiritual, também envolvia o conhecimento profundo das leis naturais, algo que, com o tempo, fez com que os druidas fossem comparados a alquimistas, ocultistas e até cientistas modernos. Seu entendimento sobre ervas, minerais, estrelas e ciclos da vida os tornava guardiões de um saber que ia além do comum. Eles eram os conselheiros dos reis, mediadores espirituais e estudiosos do universo, buscando compreender a interação entre os elementos e como utilizá-los para curar, prever o futuro e equilibrar as energias do mundo.

Com o passar dos séculos, o conhecimento dos druidas foi sendo interpretado e ressignificado. Embora sua tradição tenha sido enfraquecida com a chegada do cristianismo e a romanização da Europa, seus ensinamentos não desapareceram – apenas foram adaptados. Muitos estudiosos da Idade Média que investigavam as forças da natureza passaram a ser conhecidos como alquimistas, curandeiros, astrônomos e ocultistas, e há quem diga que as práticas druídicas influenciaram desde a medicina herbal até os princípios da química e da astrologia.

Os druidas acreditavam que o conhecimento era a chave para compreender os mistérios da vida e da morte, e essa busca pelo entendimento do mundo ainda ecoa nos dias de hoje. A ciência moderna pode ter caminhos diferentes, mas a curiosidade, a observação da natureza e a busca por respostas continuam sendo um reflexo da filosofia druídica, que via no universo um grande enigma a ser desvendado.

Mesmo agora, quando olhamos para as árvores e sentimos a energia da terra sob nossos pés, ainda há algo dessa antiga sabedoria dentro de nós. Os druidas podem ter se tornado lendas, mas seu conhecimento nunca deixou de existir – apenas se transformou.

## Os rituais druídicos e os círculos de pedra

Os rituais druídicos eram realizados em locais considerados sagrados, como bosques, montanhas e círculos de pedra. Essas estruturas misteriosas, que ainda hoje impressionam arqueólogos e espiritualistas, eram mais do que simples monumentos de pedra – representavam centros de poder, alinhamento energético e conexão com os deuses.

Um dos exemplos mais conhecidos é Stonehenge, na Inglaterra, que muitos acreditam ter sido usado para celebrações sazonais, observação astronômica e rituais de passagem entre os mundos. Mas Stonehenge está longe de ser o único. Ao longo das Ilhas Britânicas e da Europa, existem centenas de círculos de pedra, cada um com sua própria história e propósito.

Os círculos de pedra eram construídos de forma meticulosa, seguindo alinhamentos astronômicos que marcavam eventos importantes, como os solstícios, os equinócios e outras fases do calendário sagrado. Durante esses momentos, acreditava-se que o véu entre os mundos se tornava mais fino, facilitando a comunicação com os espíritos, os ancestrais e os deuses. Os druidas guiavam cerimônias nesses locais, onde realizavam rituais de renovação, fertilidade, proteção e conexão espiritual.

## O propósito dos círculos de pedra

Além de servirem como templos a céu aberto, os círculos de pedra desempenhavam diferentes funções dentro da cultura celta e pré-céltica:

- **Observatórios astronômicos**: Muitos círculos de pedra eram projetados para marcar o nascer e o pôr do sol em datas específicas, funcionando como calendários sagrados que indicavam o início de colheitas, festivais e períodos de transição energética.
- **Locais de iniciação espiritual**: Alguns pesquisadores acreditam que certas pedras possuíam propósitos ritualísticos específicos, nos quais indivíduos passavam por provas espirituais e iniciações druídicas, se conectando ao Outro Mundo.
- **Pontos de energia e cura**: De acordo com tradições espirituais modernas, os círculos de pedra estavam localizados sobre linhas de energia da Terra, sendo utilizados para rituais de cura e equilíbrio energético.

## O conhecimento sagrado e a tradição oral

Diferentemente de muitas culturas antigas, os celtas não registravam seus ensinamentos por escrito. Essa escolha não se dava apenas por falta de um sistema de escrita – eles conheciam o alfabeto Ogham, uma forma de escrita rúnica associada às árvores –, mas porque acreditavam que o conhecimento sagrado deveria ser preservado na mente e no coração dos iniciados.

Os druidas consideravam que a escrita poderia distorcer e limitar os ensinamentos, uma vez que as palavras gravadas em pedra ou pergaminho ficariam presas a uma única interpretação. O saber druídico era flexível e adaptável, sendo transmitido oralmente para garantir que apenas aqueles que estivessem prontos para compreendê-lo tivessem acesso a ele.

No entanto, esse método também resultou em uma grande perda cultural, pois, após a invasão romana e a cristianização da Europa, muitos dos ensinamentos dos druidas foram esquecidos ou destruídos. Sem registros escritos que pudessem ser preservados, grande parte do conhecimento celta desapareceu com o tempo, restando apenas fragmentos de suas tradições em lendas e relatos históricos escritos por povos estrangeiros.

## A magia dos druidas e o poder da palavra

Os druidas eram conhecidos por sua habilidade mágica e pelo poder da palavra. Acreditava-se que seus encantamentos eram tão poderosos que podiam influenciar o destino de batalhas, curar doenças e até alterar o clima.

Muitos desses encantamentos eram transmitidos na forma de músicas criadas com rimas, facilitando a memorização e a transmissão oral do conhecimento. Essa prática não apenas ajudava os druidas e bardos a guardarem seus feitiços e histórias, mas também agradava ao povo das fadas, que, segundo a tradição celta, apreciava canções harmoniosas e palavras ritmadas.

A poesia sagrada, chamada de *fili*, era usada para invocações e fortalecimento espiritual. Os bardos, que pertenciam à classe druídica, tinham a missão de preservar as histórias dos clãs e transmitir os ensinamentos dos deuses por meio de cânticos e poemas épicos.

Para os celtas, a palavra tinha um poder criador. Tudo o que era falado com intenção se tornava realidade. Essa visão reforçava a importância da honra, do juramento e da verdade, pois uma palavra dita jamais poderia ser desfeita.

## O papel de Merlin e a herança druídica

A figura do druida Merlin é um dos legados mais conhecidos da tradição celta. Imortalizado nas lendas arturianas, Merlin é descrito como um mago sábio, profeta e conselheiro do rei Arthur, ajudando na formação de Camelot e na busca pelo Santo Graal.

Embora muitas das histórias sobre Merlin tenham sido influenciadas pela literatura medieval e cristã, sua figura remonta aos antigos druidas, que eram considerados guardiões da sabedoria e mestres da profecia. Seu vínculo com a natureza, seu domínio da magia e sua habilidade de enxergar além do tempo refletem as características dos antigos sacerdotes celtas.

A conexão de Merlin com os bosques sagrados e a visão dos druidas como guias espirituais foi preservada na tradição esotérica e segue influenciando até hoje aqueles que buscam o conhecimento celta.

## O legado dos druidas nos dias atuais

Apesar da perseguição romana e da cristianização da Europa, o druidismo não desapareceu completamente. Seus ensinamentos continuaram a existir por meio das tradições populares e do folclore, e no século XX houve um renascimento do neodruidismo, um movimento espiritual moderno que busca resgatar a antiga sabedoria druídica.

O druidismo moderno se baseia em princípios como:

- Conexão com a natureza e respeito pelos ciclos naturais;
- Estudo das plantas e dos cristais para cura e equilíbrio energético;
- Práticas de meditação e rituais sazonais inspirados nos antigos festivais celtas;
- Busca pelo conhecimento sagrado, valorizando a intuição e a tradição oral.

Muitos praticantes modernos realizam rituais em locais de poder, estudam os antigos mitos e aplicam a filosofia druídica em sua vida cotidiana para encontrar equilíbrio, propósito e sabedoria.

Nos próximos capítulos, aprofundaremos ainda mais nos mistérios da mitologia celta e na relação dos deuses com as práticas espirituais.

CAPÍTULO 3

# Mitologia Celta e seus Deuses

A mitologia celta é um vasto conjunto de histórias, símbolos e arquétipos que moldaram a visão de mundo desse povo. Suas lendas foram transmitidas oralmente por séculos, antes de serem registradas na Idade Média por monges cristãos. Esses mitos falam de deuses, heróis e criaturas mágicas, representando forças da natureza, aspectos da vida humana e mistérios do universo.

## A visão mitológica celta

Para os celtas, a mitologia não era apenas um conjunto de histórias, mas um reflexo do mundo espiritual, intimamente ligado ao mundo material. Os deuses não eram figuras distantes ou separadas da existência humana, e sim energias vivas e presentes na natureza. Cada rio, montanha, floresta ou fonte era habitado por entidades sagradas, e os mitos serviam para explicar os ciclos da vida, da morte e da renovação.

Diferentemente das mitologias grega e romana, em que os deuses habitavam um panteão fixo no Olimpo ou no céu, os deuses celtas se manifestavam de diversas formas, interagindo diretamente com os humanos e com os elementos da natureza. Acreditava-se que eles podiam aparecer como animais, velhos sábios, guerreiros, mulheres encantadas ou forças invisíveis que guiavam os acontecimentos.

Além disso, os mitos não eram apenas histórias de entretenimento, como também ensinamentos espirituais e filosóficos. Eles narravam jornadas de transformação, desafios e aprendizados, refletindo os processos naturais da vida humana e do cosmos.

## Os deuses celtas e sua importância

A mitologia celta não conta com um panteão fixo de divindades como em outras tradições. Cada tribo celta possuía seus próprios deuses e deusas, e nem todas as divindades eram cultuadas por todos os povos celtas. Por isso, existem variações regionais nos mitos – algumas divindades eram mais conhecidas na Irlanda; outras, veneradas na Gália, na Bretanha ou na Escócia.

Os deuses celtas eram intimamente ligados às forças da natureza, representando aspectos como a guerra, a fertilidade, a sabedoria, a cura, a soberania e a morte. Muitos deles possuíam atributos duais, podendo ser protetores e destruidores ao mesmo tempo, pois para os celtas a morte e a vida, o caos e a ordem, a criação e a destruição eram partes inseparáveis do ciclo natural.

Ao contrário de outras culturas, em que os deuses possuem formas fixas e papéis bem definidos, os deuses celtas muitas vezes assumiam formas fluidas, se manifestando de diferentes maneiras e interagindo com os humanos por meio de sonhos, presságios e visões. Essa característica tornava o contato com o divino uma experiência muito pessoal, variando de acordo com a tribo e a conexão espiritual de cada indivíduo.

Neste capítulo, exploraremos alguns dos deuses e deusas celtas mais importantes, aqueles com os quais sinto maior conexão espiritual. Existem muitos outros deuses e deusas venerados pelos celtas, mas aqui me concentro nas divindades com as quais tenho mais afinidade e que representam energias essenciais para a espiritualidade celta.

Além de compreender quem eram essas divindades, também veremos como podemos nos conectar com suas energias nos dias de hoje, resgatando ensinamentos antigos que continuam vivos em nossa jornada espiritual.

## Danu: A Mãe Primordial

Danu é a grande mãe dos deuses celtas e a fonte primordial da vida. Ela é considerada a deusa da criação, da fertilidade e da sabedoria ancestral, representando o aspecto materno do universo e a força vital que permeia todas as coisas. Seu nome está associado ao rio Danúbio, um dos maiores da Europa, reforçando sua conexão com as águas sagradas, a fluidez da vida e a abundância.

Ela é a matriarca dos Tuatha Dé Danann, os deuses celtas da Irlanda, que levam seu nome como sinal de sua descendência divina. Segundo a mitologia, os Tuatha Dé Danann eram um povo de grande sabedoria e poder, que chegou à Irlanda envolto em névoas mágicas, trazendo com eles o conhecimento dos antigos e o domínio da magia. Sua energia está presente em todos os ciclos da existência, guiando o fluxo da natureza e o equilíbrio entre os mundos.

Pouco se sabe sobre sua imagem específica, pois suas representações são escassas nos registros históricos. No entanto, seu arquétipo como Grande Mãe ecoa em muitas divindades femininas celtas posteriores, como Brigid e Morrigan, que carregam aspectos de sua força criadora e protetora.

Danu não é apenas uma deusa da fertilidade no sentido físico, mas também uma deusa do conhecimento e da criação espiritual. Sua presença é sentida em cada semente que brota, em cada rio que corre e em cada ciclo de vida que se renova. Ela é a sabedoria ancestral, a proteção da linhagem e a nutrição da alma, guiando aqueles que buscam crescimento e conexão com os mistérios da existência.

### *Conexão com Danu*

Para se conectar com Danu, é essencial buscar a harmonia com a natureza e seus ciclos. Suas energias podem ser sentidas em rios, fontes e nascentes, onde a água flui de maneira constante, simbolizando o fluxo da vida e da criação.

**Meditação com a água:** Sente-se próximo a um rio, lago ou nascente e observe o movimento da água. Imagine essa fluidez dentro de você, dissolvendo bloqueios e permitindo que novas energias fluam livremente.

**Ofertas à terra:** Como Danu representa a fertilidade e a criação, oferecer flores, sementes e grãos à terra é uma forma de honrá-la e fortalecer a presença dela em sua vida.

**Ritual de conexão:** Acenda uma vela azul ou verde em um local tranquilo, coloque uma tigela com água e segure um cristal associado a Danu, como a água-marinha ou o quartzo azul. Peça a orientação dela para desenvolver sua intuição, fertilidade criativa e conexão com os antigos mistérios.

### *Correspondências mágicas de Danu*

**Cores:** Azul, branco, verde, prateado

**Elementos:** Água e Terra

**Símbolos:** Rios, fontes, névoas, sementes, espirais

**Ervas:** Salgueiro, lavanda, trevo, camomila

**Cristais:** Água-marinha, quartzo azul, opala, lápis-lazúli

**Animais sagrados:** Peixes, cisnes, lobos, serpentes

**Festas e celebrações:** Imbolc (ligado à renovação e à fertilidade), Beltane (celebração da fertilidade e do ciclo da vida)

### *A sabedoria de Danu*

Danu nos ensina que somos parte do grande ciclo da existência, conectados à terra, à água e ao fluxo eterno da vida. Sua presença nos convida a respeitar nossa própria jornada, confiar na sabedoria do tempo e nutrir nossas raízes espirituais para florescer plenamente.

**Oração a Danu para abertura de caminhos**

*Grande Danu, Mãe Primordial,*
*Fonte de vida e sabedoria eterna,*
*Que tuas águas sagradas fluam diante de mim,*
*Abrindo caminhos onde há bloqueios,*
*Trazendo clareza onde há incerteza.*

*Como os rios que seguem seu curso sem hesitar,*
*Que minha jornada seja guiada pelo teu fluxo,*
*Que meus pés encontrem terra fértil,*
*E que minhas escolhas sejam abençoadas com prosperidade.*

*Mãe das névoas e dos ventos ancestrais,*
*Dissipa os obstáculos que limitam meu crescimento,*
*Preenche meu espírito com força e coragem,*
*E guia-me com tua luz pelos portais do destino.*

*Que eu avance sem medo,*
*Que eu encontre oportunidades onde antes havia barreiras,*
*Que a vida se expanda como as águas que moldam a terra,*
*E que, sob tua proteção,*
*Meu caminho se ilumine e floresça.*
*Que assim seja e que assim se faça!*

## Rhiannon: A Senhora dos Cavalos e Guardiã dos Mistérios

Rhiannon é uma poderosa deusa galesa, ligada à soberania, à lua, à magia e ao reino dos espíritos. Sua presença ecoa nas antigas lendas do *Mabinogion*, em que é retratada como uma mulher de grande beleza, montada em um cavalo branco, trazendo consigo encantamento, mistério e destino. Como divindade soberana, ela representa a força da realeza feminina e a conexão com os mundos espiritual e material.

Seu nome significa "Grande Rainha" ou "Deusa Suprema", e suas histórias refletem sua resiliência, inteligência e poder. Rhiannon é a Senhora dos Cavalos, associada à liberdade, ao movimento e à jornada da alma.

Seu cavalo branco simboliza a travessia entre os reinos, levando aqueles que são dignos de sua orientação para novos caminhos e descobertas.

Desde sempre, sinto uma forte conexão espiritual com Rhiannon e sua energia. Sua presença me inspira a buscar minha própria soberania, minha liberdade interior e a confiança para trilhar caminhos desconhecidos. Rhiannon me guia nos momentos de transição, ensinando que, por mais desafiadora que seja a jornada, há força na resiliência e poder na verdade. Vejo nela não apenas uma deusa, mas uma aliada que me impulsiona a seguir adiante, superando obstáculos e encontrando meu próprio destino.

Ela rege os ciclos de vida, morte e renascimento, mostrando que toda transformação traz consigo um novo começo. Sua energia é sentida nos campos abertos, no vento que sussurra segredos antigos e na dança das sombras ao luar. Trabalhar com Rhiannon é aceitar o chamado para crescer, confiar no fluxo da vida e cavalgar rumo ao desconhecido com coragem e determinação.

### *Rhiannon e os caminhos do destino*

As histórias de Rhiannon a apresentam como uma deusa sábia, mas que enfrenta desafios e injustiças com paciência e força. Em um dos contos mais famosos do *Mabinogion*, ela é falsamente acusada de um crime terrível e condenada a carregar viajantes em suas costas como punição. No entanto, mesmo em meio à humilhação, ela nunca perde sua dignidade e fé, demonstrando que a verdadeira realeza reside na alma e não nas aparências.

Essa narrativa nos ensina que Rhiannon é uma deusa de superação e justiça, que auxilia aqueles que enfrentam desafios a manterem sua essência e honra. Ela é a voz da intuição que sussurra em momentos de dúvida, a força que impulsiona a liberdade e a sabedoria que orienta os viajantes espirituais.

### *Conexão com Rhiannon*

Para se conectar com Rhiannon, é preciso honrar o movimento, a verdade e o poder da mente e do espírito. Sua presença pode ser sentida na luz prateada da lua, no galopar dos cavalos livres e no chamado da alma que deseja crescer e evoluir.

**Caminhadas ao luar:** Percorra um campo ou estrada sob a luz da lua, sentindo a energia da noite e permitindo que sua mente se abra para as mensagens de Rhiannon.

**Altar de Rhiannon:** Monte um espaço sagrado com símbolos como cavalos, penas de coruja, cristais lunares e velas brancas ou prateadas.

**Música e canto:** Rhiannon é associada ao som e ao encantamento. Cantar, tocar um instrumento ou simplesmente ouvir melodias suaves pode ajudar a sintonizar sua energia.

**Oferendas à natureza:** Ofereça maçãs, flores brancas ou grãos em um campo aberto como forma de gratidão e conexão.

### *Correspondências mágicas de Rhiannon*

**Cores:** Prata, branco, azul profundo
**Elementos:** Ar e Água
**Símbolos:** Cavalos, lua crescente, pássaros, penas, maçãs
**Ervas:** Artemísia, camomila, lavanda, sálvia branca
**Cristais:** Pedra da lua, quartzo branco, ametista, lápis-lazúli
**Animais sagrados:** Cavalo branco, coruja, cisne, rouxinol
**Festas e celebrações:** Samhain (conexão com o mundo espiritual), Imbolc (renascimento e inspiração)

### *A sabedoria de Rhiannon*

Rhiannon nos ensina a cavalgar com confiança pelo caminho da vida, sem medo das dificuldades e com a certeza de que a verdade sempre encontra seu caminho. Sua presença é um lembrete de que a liberdade e a soberania são direitos inatos de cada ser, e que, mesmo nos momentos mais sombrios, a luz da lua sempre brilhará para nos guiar.

**Oração a Rhiannon: Para coragem e transformação**

*Rhiannon, Senhora do Vento e do Mar,*
*Que tua força me venha guiar.*
*Nos passos da vida, no rumo incerto,*
*Leva-me sempre ao caminho certo.*

*Rainha da Lua, do Céu e da Terra,*
*Dá-me coragem em tempos de guerra.*
*Que tua voz, como brisa a soprar,*
*Faça minh'alma jamais vacilar.*

*Sobre teu cavalo, veloz como o dia,*
*Conduz meu destino com tua magia.*
*E sob o brilho da prata e do véu,*
*Mostra-me os segredos que vêm do céu.*

*Na dança do vento, na onda a correr,*
*Que eu saiba sempre quando crescer.*
*Com tua luz, sigo em devoção,*
*Que assim se faça em meu coração!*

## Elen dos Bosques: Guardiã dos Caminhos Ancestrais

Elen dos Bosques é frequentemente representada com chifres de cervo, simbolizando sua ligação com os animais selvagens e a natureza indomável. Ela é uma antiga divindade celta associada às florestas, aos caminhos sagrados e à energia da terra. Pouco conhecida, mas profundamente enraizada nas tradições dos povos antigos, é a guardiã das trilhas e das rotas naturais que conectam os reinos humano e espiritual. Sua presença é sentida nas estradas esquecidas, nos bosques intocados e na quietude das árvores que testemunham séculos de história.

Muitas vezes chamada de "Senhora dos Caminhos" ou "Dama Verde", Elen está ligada às antigas trilhas de cervos e aos caminhos traçados pelos povos nômades, guiando aqueles que buscam orientação, proteção e conexão com a natureza. Sua figura também carrega aspectos da renovação, da resistência e da ligação entre passado e presente.

Ao contrário de outras deusas celtas mais amplamente veneradas, a imagem de Elen é envolta em mistério. Seu arquétipo ecoa na força das árvores milenares e na sabedoria daqueles que percorrem os antigos caminhos sagrados.

Elen dos Bosques não é apenas uma deusa das florestas, mas também uma guia espiritual, mostrando o caminho para aqueles que buscam propósito e conexão. Seus domínios abrangem os portais entre os mundos, os nós energéticos da terra e os trilhos invisíveis que entrelaçam os destinos. Ela é a força que impulsiona a jornada, que protege os viajantes e que ensina a ouvir os sussurros da terra.

*Conexão com Elen dos Bosques*

Para se conectar com Elen, é essencial estar em sintonia com a terra, sentir seus ritmos e respeitar os caminhos naturais. Sua presença pode ser percebida em trilhas antigas, na floresta densa e nas encruzilhadas da vida, onde escolhas devem ser feitas e destinos se entrelaçam.

**Caminhada meditativa:** Percorra uma trilha na natureza em silêncio, observando o caminho e permitindo que a energia da terra guie você. Respire fundo, conectando-se ao ritmo da floresta e à presença sutil de Elen.

**Altar natural:** Monte um espaço de conexão em sua casa ou no jardim, utilizando elementos da terra, como galhos, folhas, pedras e chifres simbólicos. Acenda uma vela verde ou marrom para honrá-la e peça sua orientação.

**Oferendas à floresta:** Deixe oferendas, como sementes, frutas ou flores, em um local natural, demonstrando gratidão à terra e fortalecendo sua conexão com os caminhos sagrados de Elen.

### *Correspondências mágicas de Elen dos Bosques*

**Cores:** Verde, marrom, dourado

**Elementos:** Terra e Ar

**Símbolos:** Trilhas, chifres de cervo, árvores antigas, raízes entrelaçadas

**Ervas:** Carvalho, visco, pinho, sálvia

**Cristais:** Jaspe verde, turmalina negra, olho de tigre, ágata musgo

**Animais sagrados:** Cervo, lobo, coruja, cavalo selvagem

**Festas e celebrações:** Mabon (ligado ao elemento Terra), Beltane (celebração da fertilidade e renovação)

### *A sabedoria de Elen dos Bosques*

Elen dos Bosques nos ensina a honrar o caminho que trilhamos, a respeitar os ciclos da vida e a confiar na sabedoria da terra. Sua presença nos convida a percorrer nossas próprias trilhas com coragem, intuição e respeito pela natureza que nos cerca.

### *Oração a Elen dos Bosques para direção e clareza*

*Senhora dos Bosques Antigos,*
*Guardiã das trilhas esquecidas,*
*Que teus passos marquem meu caminho,*
*Guiando-me entre sombras e luz,*
*Entre escolhas e destinos entrelaçados.*

*Elen dos Cervos, Senhora dos Portais,*
*Que tua força esteja em meus passos,*
*Que tua visão revele os caminhos ocultos,*
*Que minha jornada seja segura,*
*E minha alma encontre seu propósito.*

*Que eu siga sem medo pelas trilhas da vida,*
*Que a terra me sustente e os ventos me impulsionem,*
*Que os ramos antigos sussurrem sua sabedoria,*
*E que, sob tua proteção,*
*Meu espírito floresça e encontre seu destino.*
*Que assim seja e que assim se faça!*

## Aine: A Deusa das Fadas

Aine é uma das mais radiantes e encantadoras deusas da mitologia celta, associada ao sol, ao amor e à fertilidade. Reverenciada como uma divindade luminosa, sua presença traz prosperidade, alegria e renovação. Seu nome significa "brilho" ou "esplendor", refletindo sua conexão com a luz que nutre a terra e os corações dos mortais.

Ela é conhecida como uma deusa do verão e dos campos floridos, responsável por garantir boas colheitas e pela abundância da natureza. Como soberana dos Sidhe, os espíritos feéricos, Aine também está profundamente ligada ao reino das fadas e aos mistérios da magia ancestral. Diz-se que sua energia preenche os campos verdejantes da Irlanda, dançando com os ventos quentes e banhando a terra com seu esplendor dourado.

Aine não é apenas uma deusa da fertilidade física, mas também uma guardiã dos desejos do coração. Ela rege o amor, o prazer e a liberdade emocional, inspirando aqueles que buscam romances verdadeiros e conexões profundas. Sua presença lembra a importância de amar livremente, sem medos ou amarras, honrando a autenticidade do coração.

Muitas lendas a retratam como uma mulher encantadora de cabelos dourados, dançando sob a lua e o sol, seduzindo reis e guiando amantes para destinos inesperados. Em algumas histórias, Aine é filha de Eógabail, um dos Tuatha Dé Danann, e também é vista como uma deusa da soberania, concedendo reinos e poder àqueles que conquistam sua graça.

Quem se interliga com a magia das fadas costuma sentir uma forte conexão com Aine, buscando nela a ponte para o mundo encantado dos Sidhe. Sua energia se manifesta na luz do sol, no brilho das flores e no vento que sussurra segredos antigos. Sempre que trabalho com a energia feérica, peço licença a Aine, a reconhecendo como a guardiã desse reino mágico e respeitando a delicada relação entre os mundos visível e invisível.

### *Conexão com Aine*

Para se conectar com Aine, é essencial se abrir para a alegria, a liberdade e a luz que habita em cada um. Sua energia está presente nos dias ensolarados, nas danças ao ar livre e nos campos floridos onde a vida se manifesta em plenitude.

**Celebração ao sol:** Passe um tempo ao ar livre, absorvendo a luz solar e agradecendo por sua energia revitalizante. Feche os olhos e imagine a luz dourada do sol preenchendo seu coração com alegria e vitalidade.

**Dança e movimento:** Aine é uma deusa da celebração. Dançar sob a lua ou ao nascer do sol é uma forma poderosa de honrá-la, permitindo que sua energia flua livremente através do corpo.

**Ritual de amor e prosperidade:** Acenda uma vela dourada ou laranja e coloque flores frescas ao seu redor. Segure um cristal associado a Aine, como o citrino ou a pedra do sol, e visualize seu coração se expandindo com amor, felicidade e gratidão.

### *Correspondências mágicas de Aine*

**Cores:** Dourado, laranja, vermelho, verde

**Elementos:** Ar e Fogo

**Símbolos:** Sol, campos floridos, cavalos, lua cheia

**Ervas:** Camomila, erva-de-são-joão, girassol, alecrim

**Cristais:** Pedra do sol, citrino, âmbar, granada

**Animais sagrados:** Cavalos, cisnes, lebres

**Festas e celebrações:** Litha (Solstício de Verão), Ostara (festa das Fadas e do elemento Ar)

### A sabedoria de Aine

Aine nos ensina que a vida é um ciclo de luz e renovação. Seu brilho nos convida a abraçar a alegria, a buscar a liberdade do coração e a honrar nossa conexão com o mundo natural. Sua presença é um lembrete de que o amor deve ser vivido com intensidade, e que a abundância vem para aqueles que se abrem ao calor da existência.

### Oração a Aine para atrair luz e prosperidade

*Aine radiante, deusa do brilho dourado,*
*Tua luz aquece a terra e desperta os corações,*
*Que teu sol ilumine meus dias,*
*E que tua alegria dance em minha alma.*

*Senhora dos campos e dos ventos quentes,*
*Traz amor, liberdade e abundância,*
*Que a felicidade floresça como os campos em tua estação,*
*E que o amor me envolva, puro e verdadeiro.*

*Que minha vida siga o fluxo do sol,*
*Que meus passos sejam guiados pela luz,*
*Que o calor da tua energia preencha meu espírito,*
*E que sob tua bênção, eu floresça e prospere.*
*Que assim seja e que assim se faça!*

## Dagda: O Senhor da Abundância, da Vida e da Morte

Dagda é um dos deuses mais poderosos e respeitados da mitologia celta, conhecido como o Senhor da Abundância, da Vida e da Morte. Seu nome significa "Bom Deus", não porque fosse necessariamente bondoso, mas porque era grande em todas as coisas, dominando a magia, a guerra, a música e a prosperidade.

Ele é retratado como um gigante de força descomunal, com uma aparência muitas vezes rude, vestindo um manto simples e carregando consigo três objetos sagrados que representam seu poder:

- **O caldeirão da fartura (*Undry*):** Nunca se esvaziava, concedendo alimento e abundância infinita a quem o possuísse. Ele representa a generosidade e o ciclo eterno da vida.
- **A harpa mágica (*Uaithne*):** Controlava as estações do ano e os estados emocionais das pessoas. Quando Dagda tocava sua harpa, podia trazer alegria, tristeza ou até mesmo colocar guerreiros para dormir.
- **O porrete gigante:** Uma arma com dois lados, um capaz de matar instantaneamente e outro capaz de restaurar a vida. Esse símbolo reforça seu papel como Senhor da Vida e da Morte, aquele que tanto tira quanto dá.

Particularmente, gosto de me conectar a Dagda para pedidos de abundância, fartura e prosperidade. Sua energia é grandiosa e generosa, trazendo bênçãos materiais e espirituais para aqueles que o honram. Como um deus que rege tanto a colheita quanto o destino, ele ensina que a verdadeira prosperidade vem do equilíbrio entre dar e receber, garantindo que o fluxo da vida permaneça constante e abundante.

### *Dagda e os Tuatha Dé Danann*

Dagda é um dos líderes dos Tuatha Dé Danann, o povo divino da Irlanda, e pai de muitos deuses e heróis, incluindo Brigid (deusa da poesia e da cura) e Aengus (deus do amor e da juventude).

Nos mitos, ele é frequentemente representado como um deus generoso e protetor, mas também astuto e estrategista, sendo responsável por garantir a sobrevivência dos Tuatha Dé Danann contra seus inimigos, como os Fomorianos.

### *A Dualidade de Dagda: Sabedoria e prazer*

Embora seja um deus da abundância e da prosperidade, Dagda também representa o prazer dos sentidos. Ele é descrito como um grande apreciador de comida, bebida, música e do amor, vivendo plenamente tudo o que a vida tem a oferecer.

Essa dualidade entre poder e simplicidade, força e generosidade, sabedoria e prazer faz de Dagda um deus completo, que ensina que a vida deve ser vivida em equilíbrio entre a responsabilidade e a alegria.

### *Conexão com Dagda*

Para honrar Dagda, celebre a fartura, a gratidão e o prazer pela vida. Ele é um deus que valoriza aqueles que reconhecem as bênçãos que recebem e que compartilham sua abundância com os outros.

### *Práticas para se conectar com Dagda*

**Banquete da abundância:** Prepare uma refeição especial em sua homenagem, cozinhando com a intenção de prosperidade e fartura. Compartilhe essa comida com outras pessoas, pois Dagda valoriza a generosidade.

**Música e celebração:** Como guardião da harpa mágica, Dagda se conecta pela música. Tocar um instrumento, cantar ou dançar são formas de se alinhar à sua energia.

**Ritual de proteção e força:** Acenda uma vela vermelha e visualize a força de Dagda preenchendo seu corpo. Peça sua bênção para proteção, poder pessoal e crescimento.

**Gratidão diária:** Sempre que receber algo positivo, seja grande ou pequeno, agradeça. O simples ato de expressar gratidão fortalece a conexão com Dagda e atrai mais abundância.

### *Correspondências mágicas de Dagda*

**Cores:** Vermelho, dourado, verde

**Elementos:** Terra e Fogo

**Símbolos:** Caldeirão, harpa, porrete, espiral celta

**Ervas:** Carvalho, alecrim, noz-moscada, louro
**Cristais:** Jaspe vermelho, olho de tigre, pirita
**Animais sagrados:** Touro, javali, corvo
**Festas e celebrações:** Mabon (2º Festival da Colheita), Lughnasadh (1º Festival da Colheita e Prosperidade)

### A sabedoria de Dagda

Dagda nos ensina a viver com plenitude e equilíbrio, sabendo quando lutar e quando desfrutar, quando dar e quando receber. Ele nos lembra que a verdadeira prosperidade vem não apenas da riqueza material, mas da generosidade, da sabedoria e da conexão com o mundo ao nosso redor.

### Oração a Dagda para fartura e abundância

*Ó Grande Dagda, Senhor da Abundância,*
*Guardião do caldeirão inesgotável,*
*Que tua generosidade transborde em minha vida,*
*Trazendo fartura, força e prosperidade.*

*Com teu porrete, afasta de mim a escassez,*
*Com tua harpa, harmoniza meu caminho,*
*Com teu caldeirão, alimenta minha alma,*
*Para que eu jamais conheça a falta ou o medo.*

*Que minha mesa seja farta,*
*Que meus esforços sejam recompensados,*
*Que minha colheita seja próspera*
*E que haja alegria em tudo o que tocar minhas mãos.*

*Dagda, Pai Sábio e Protetor,*
*Ensina-me a compartilhar e a honrar aquilo que recebo,*
*A viver com gratidão e plenitude,*
*E a celebrar cada dia com alegria e contentamento.*

*Que tua fartura flua como o rio,*
*Que tua bênção ecoe como o trovão,*
*E que em minha vida reine a abundância,Hoje e sempre.*

## Brigid: A Guardiã do Fogo Sagrado

Brigid é uma das deusas mais veneradas da tradição celta, associada ao fogo, à inspiração, à cura e à forja. Seu culto atravessou séculos e, mesmo após a cristianização das terras celtas, sua presença permaneceu tão forte que foi sincretizada como Santa Brígida da Irlanda, tornando-se uma das figuras mais importantes do cristianismo celta.

Brigid representa o fogo sagrado da transformação, o calor da vida que aquece o lar, purifica o espírito e ilumina a mente. Seu nome significa "a Elevada" ou "a Exaltada", reforçando sua ligação com a sabedoria e o conhecimento divino. Como guardiã das chamas sagradas, seu poder se manifesta em três aspectos principais:

- **Brigid da Poesia:** Padroeira dos bardos, artistas e criadores, inspira a poesia, a música e a fala sagrada.
- **Brigid da Cura:** Ligada às águas sagradas e às ervas medicinais, protege curandeiros e promove o equilíbrio do corpo e da alma.
- **Brigid da Forja:** Protetora dos ferreiros e artesãos, simboliza o poder da transformação e da criação.

### *A deusa do lar, das águas e do renascimento*

Além de seu vínculo com o fogo, Brigid também é protetora das nascentes e dos rios, sendo cultuada em diversas fontes sagradas espalhadas pela Irlanda e Grã-Bretanha. Acreditava-se que suas águas possuíam propriedades curativas, sendo usadas em rituais de purificação e renovação espiritual.

Brigid também está ligada ao lar e à família, sendo invocada para proteção, fartura e bênçãos domésticas. Em muitas tradições celtas, acendia-se uma chama em sua honra para manter o lar sempre aquecido e sob sua proteção.

*Brigid e Imbolc: A celebração do retorno da luz*

O festival de Imbolc, celebrado no início de fevereiro, é dedicado a Brigid. Essa festividade marca a transição do inverno para a primavera, simbolizando o renascimento da luz e a chegada de novos ciclos. Durante Imbolc, eram acesas velas e fogueiras em sua homenagem, pedindo bênçãos para o ano que se iniciava.

A tradição da Cruz de Brigid, feita de palha ou junco, era um dos principais símbolos dessa celebração. Essas cruzes eram colocadas nas portas das casas para trazer proteção e prosperidade ao longo do ano.

*Conexão com Brigid*

Para se conectar com a deusa Brigid, podemos honrar seu fogo sagrado e suas águas curativas, trazendo sua energia para nossa vida de diversas formas:

- **Acender velas:** O fogo de Brigid representa purificação, proteção e inspiração. Acender uma vela laranja, vermelha ou dourada e meditar olhando para a chama ajuda a se conectar com sua energia.
- **Escrita e criatividade:** Como deusa da inspiração, Brigid rege a poesia, a música e a expressão artística. Escrever poemas, pintar ou praticar qualquer arte são formas de honrar sua presença.
- **Águas sagradas e cura:** Tomar banhos de ervas ou visitar fontes naturais pode fortalecer a conexão com o aspecto curador de Brigid.
- **Bênçãos para o lar:** Manter uma vela acesa em casa, criar uma pequena cruz de Brigid ou fazer uma oração pedindo proteção e fartura são formas de trazer suas bênçãos para o cotidiano.

### *Correspondências mágicas de Brigid*

**Cores:** Laranja, vermelho, dourado, branco
**Elementos:** Fogo e Água
**Símbolos:** Fogo sagrado, cruz de Brigid, nascentes, tochas, forjas
**Ervas:** Alecrim, lavanda, camomila, calêndula, verbena
**Cristais:** Cornalina, olho de tigre, âmbar, ágata de fogo
**Animais sagrados:** Ovelhas, vacas, cisnes, serpentes
**Festas e celebrações:** Imbolc (festival da renovação e da luz)

### *A sabedoria de Brigid*

Brigid é uma deusa que representa a força da criação e da renovação. Ela nos ensina que o fogo da inspiração deve ser cultivado, que a cura vem por meio do equilíbrio e que o lar deve ser um santuário de proteção e amor. Sua presença nos convida a acender nossa própria chama interior e seguir com coragem e sabedoria em nossa jornada.

### *Oração a Brigid para cura, inspiração e proteção*

*Brigid, chama a iluminar,*
*Senhora do Fogo a nos inspirar.*
*Forja dos mestres, dom da canção,*
*Traz tua força ao meu coração.*

*Poetas e sábios, curandeiros também,*
*Sentem teu toque que os guia tão bem.*
*Dá-me coragem, concede a visão,*
*Que eu siga em frente com decisão.*

*Que tuas águas venham limpar,*
*Meu corpo e alma a renovar.*
*Que tua chama sempre me aqueça,*
*E meu caminho seguro pareça.*

*Brigid, que ouças minha oração,*
*Traz tua bênção e proteção.*
*Com tua luz a me envolver,*
*Que assim se faça, assim há de ser!*

## Morrigan: A Senhora da Guerra e da Profecia

Morrigan é uma das deusas mais enigmáticas e poderosas da mitologia celta. Conhecida como a Senhora da Guerra, da Soberania e da Profecia, ela rege os ciclos de transformação e renascimento, guiando aqueles que enfrentam desafios e buscam o verdadeiro poder interior.

Seu nome pode ser traduzido como "Grande Rainha" ou "Rainha Fantasma", refletindo seu domínio sobre os campos de batalha, os destinos dos guerreiros e o mundo espiritual. Morrigan é uma deusa complexa e multifacetada, associada à força, à estratégia e à destruição necessária para o renascimento. Seu poder não está apenas na guerra física, mas também na batalha interna do autoconhecimento e da superação.

### *A deusa dos corvos e dos presságios*

Morrigan frequentemente se manifesta como um corvo negro ou um bando de corvos, voando sobre os campos de batalha e anunciando o destino dos guerreiros. Na mitologia celta, os corvos eram considerados mensageiros do Outro Mundo, trazendo presságios e revelações.

Além de estar ligada à guerra e ao combate, Morrigan é também uma deusa da profecia, capaz de revelar verdades ocultas e direcionar aqueles que buscam sabedoria. Seu dom da vidência a torna uma guia poderosa para aqueles que desejam enxergar além das ilusões e compreender os mistérios da vida.

Ela também é vista como uma deusa da soberania, concedendo poder e liderança àqueles que se mostram dignos. Em muitas lendas, ela testa reis e guerreiros, garantindo que apenas os mais fortes e sábios possam governar.

### *Os aspectos de Morrigan*

Morrigan é frequentemente descrita como uma deusa tripla, manifestando-se em três aspectos distintos:

- **Badb:** A deusa da batalha e da destruição, que causa caos nos inimigos e incita a fúria guerreira.
- **Macha:** Ligada à soberania, proteção e fertilidade da terra, representando o poder da realeza.
- **Nemain:** A deusa do frenesi da guerra, que lança pânico e terror sobre os oponentes.

Essas três faces representam a transformação, o poder e o destino, mostrando que Morrigan não é apenas uma deusa da guerra, mas uma guia para aqueles que desejam conquistar sua própria força interior.

### *Conexão com Morrigan*

Trabalhar com a energia de Morrigan exige coragem, resiliência e disposição para a transformação. Ela não é uma deusa que concede favores facilmente, mas sim aquela que testa seus devotos, os desafiando a superarem seus medos e a se tornarem versões mais fortes de si mesmos.

Morrigan é uma deusa poderosa, ligada à guerra, à soberania e ao destino, mas também à morte e à destruição. Por isso, é essencial ter muito respeito e cautela ao trabalhar com sua energia. Ela não tolera fraqueza ou indecisão, e aqueles que a invocam devem estar preparados para enfrentar verdades profundas e mudanças inevitáveis. Sua presença pode ser intensa e transformadora, guiando seus devotos pelo caminho do renascimento por meio do caos e da superação.

Honrar Morrigan requer disciplina, respeito e uma compreensão profunda de sua dualidade. Ela não apenas destrói, mas também abre caminhos para novos começos, ensinando que toda morte é também um renascimento.

### *Práticas para se conectar com Morrigan*

**Meditação com corvos:** Observar corvos na natureza ou fazer visualizações voando com eles pode ajudar a receber mensagens da deusa.

**Rituais de fortalecimento pessoal:** Criar rituais que envolvam fogo ou armas simbólicas (como facas e espadas) pode invocar sua força.

**Práticas de proteção:** Criar escudos energéticos ou carregar talismãs de corvos pode trazer sua proteção em momentos de desafio.

**Jornadas xamânicas:** Em estados meditativos profundos, pode-se buscar orientação da deusa para entender desafios e escolhas da vida.

### *Correspondências mágicas de Morrigan*

**Cores:** Preto, vermelho, roxo

**Elementos:** Fogo e Ar

**Símbolos:** Corvos, espadas, névoa, escudos, rios

**Ervas:** Artemísia, erva-de-são-joão, louro, urtiga, mirra

**Cristais:** Obsidiana, granada, ônix, ametista

**Animais sagrados:** Corvo, lobo, cavalo

**Festas e celebrações:** Samhain (ligação com o Outro Mundo e o destino), Beltane (transformação e renascimento)

### *A sabedoria de Morrigan*

Morrigan não é uma deusa para aqueles que temem a mudança. Seu chamado surge quando estamos prontos para evoluir, enfrentar nossos desafios e assumir o poder sobre nossa própria vida. Ela ensina que a verdadeira força vem de dentro, e que cada batalha travada, seja interna ou externa, é uma oportunidade para crescimento e transformação.

Que aqueles que buscam sua orientação tenham coragem para aceitar seu desafio, e que sua força ressoe na alma dos que trilham o caminho da soberania!

### *Oração a Morrigan para banir inimigos e cortar energias negativas*

*Morrigan, Grande Rainha da Guerra e do Destino,*
*Senhora dos Corvos e da Batalha,*
*Ergue teu escudo diante de mim,*
*Empunha tua espada e afasta aqueles que desejam meu mal.*

*Que teus olhos enxerguem além das sombras,*
*Que tua voz ecoe como trovão,*
*Dissipando traições, mentiras e invejas,*
*Removendo do meu caminho aqueles que me prejudicam.*

*Morrigan, destruidora de falsos aliados,*
*Que tua tempestade varra a maldade,*
*Que teu fogo purifique meu campo de batalha,*
*E que apenas os justos permaneçam ao meu lado.*

*Com tua fúria, corta os laços que me enfraquecem,*
*Com tua força, lança ao vento aqueles que tentam me impedir,*
*E que, sob tua proteção, minha soberania seja inviolável.*

*Grande Rainha, guia-me na guerra da vida,*
*Fortalece-me contra meus inimigos,*
*E que nenhum obstáculo fique de pé diante do teu poder.*

## Cernunnos: O Guardião da Natureza Selvagem

Cernunnos é o Senhor da Floresta, dos Animais e da Fertilidade, um dos deuses mais antigos e misteriosos da mitologia celta. Sua presença é sentida nos bosques intocados, nos rios caudalosos e na energia selvagem da terra, conectando-se profundamente ao ciclo de vida, morte e renascimento.

Ele é frequentemente representado com chifres de cervo, simbolizando sua ligação com a natureza primitiva, a abundância e a vitalidade. Seu nome não aparece diretamente nos textos antigos, mas inscrições e estátuas o retratam como um deus de grande poder e conexão com o mundo animal, sendo um mediador entre os humanos e as forças da terra.

*O Guardião do Equilíbrio Natural*

Cernunnos governa os ciclos naturais e a renovação da vida. Ele representa a abundância da terra, garantindo que os campos floresçam, os animais se multipliquem e que tudo siga o fluxo natural do universo.

Como Senhor dos Animais, ele protege todas as criaturas, desde o mais humilde inseto até os grandes predadores. Ele nos ensina o respeito pelo mundo selvagem e nos lembra de que somos parte desse grande ciclo natural, não seus dominadores.

Desde muito jovem, sinto uma forte conexão com Cernunnos. Ele é o deus que mais me acompanha, sempre presente nos momentos de transformação e aprendizado. Em períodos de dificuldade, sinto sua energia me trazendo força, coragem e a certeza de que sou capaz de enfrentar qualquer desafio. Sua presença é como a floresta que me abraça, como o vento que me guia, me lembrando de que, assim como a natureza, sou resiliente e capaz de renascer.

*A ligação com a fertilidade e a prosperidade*

Além de ser um deus da natureza e da vida selvagem, Cernunnos também é um símbolo de fertilidade e prosperidade. Ele representa a energia criativa que impulsiona a renovação da terra, ajudando no crescimento das colheitas e no equilíbrio dos ecossistemas.

Seus chifres de cervo são um símbolo da renovação cíclica, pois o cervo perde e regenera seus chifres a cada ano, assim como a terra renasce em cada estação. Esse ciclo reflete a constante transformação da vida, nos ensinando a aceitar as mudanças com sabedoria e respeito.

Honrar Cernunnos é aceitar a própria essência selvagem, respeitar o fluxo da vida e permitir-se crescer em conexão com a terra. Ele é a força que me guia, o espírito que me fortalece e a energia que sempre retorna quando mais preciso.

*Conexão com Cernunnos*

Para se conectar com Cernunnos, é essencial se reconectar com a terra e com os ritmos naturais da vida. Ele é um deus que não exige adoração formal, mas sim respeito e harmonia com a natureza.

*Práticas para se conectar com Cernunnos*

- Passe algum tempo em florestas e bosques, sentindo a energia selvagem ao seu redor.
- Ofereça frutas, sementes e mel aos animais silvestres, como um gesto de gratidão pela abundância da natureza.
- Pratique a caça e a colheita com respeito, agradecendo à terra por seus dons, se for necessário utilizá-los.
- Faça rituais de conexão com os animais totem, buscando sua orientação e proteção.
- Use chifres (podem ser representações), assim como penas e símbolos da natureza em seu altar, simbolizando a força vital de Cernunnos.

*Correspondências mágicas de Cernunnos*

**Cores:** Verde, marrom, dourado

**Elementos:** Terra e Água

**Símbolos:** Chifres, árvores, serpentes, espirais, moedas antigas

**Ervas:** Carvalho, louro, cipreste, absinto, sálvia

**Cristais:** Quartzo verde, olho de tigre, jaspe marrom, malaquita

**Animais sagrados:** Cervo, lobo, urso, cobra, touro

**Festas e celebrações:** Outono (conexão com a Terra), Samhain (ciclo da vida e morte)

### A sabedoria de Cernunnos

Cernunnos ensina o equilíbrio entre o selvagem e o civilizado, nos lembrando de que, embora sejamos parte de um mundo moderno, nossa essência ainda está profundamente enraizada na natureza. Ele nos convida a honrar o instinto, a respeitar os ciclos da terra e a viver em sintonia com o mundo natural.

Seja como protetor da floresta, senhor da fertilidade ou guardião dos mistérios da terra, Cernunnos permanece como um guia poderoso para aqueles que buscam sabedoria, força e conexão com o espírito selvagem da vida.

### Oração a Cernunnos para vencer os medos

*Ó Grande Cernunnos,*
*Senhor das Florestas e dos Caminhos Ocultos,*
*Guardião da terra sagrada e da vida selvagem,*
*Ergue teus chifres diante de mim,*
*E guia-me através das sombras do medo.*

*Que tua força, tão antiga quanto as árvores,*
*Preencha meu espírito com coragem,*
*Que teu olhar, tão profundo quanto os rios,*
*Me mostre a verdade por trás das ilusões.*

*Ajuda-me a enfrentar o que me paralisa,*
*A caminhar sem hesitação pelos desafios da vida,*
*A confiar no meu instinto e na minha força,*
*Como o lobo que não teme a noite,*
*Como o cervo que corre sem medo do desconhecido.*

*Grande Deus da Transformação e da Renovação,*
*Que eu renasça mais forte a cada obstáculo,*
*Que eu me liberte das correntes que me prendem,*
*E que meus passos sejam firmes e determinados,*
*Com tua bênção, com tua proteção, com tua sabedoria.*

## Epona: A Protetora dos Caminhos e dos Cavalos

Epona é uma deusa celta ligada aos cavalos, às viagens, à fertilidade e à proteção dos caminhos. Seu nome deriva da raiz celta *epos*, que significa "cavalo", e sua figura é frequentemente retratada montada em um cavalo branco ou ao lado de uma manada, simbolizando sua força, liberdade e conexão com a natureza.

Diferentemente de muitas divindades celtas, Epona transcendeu as fronteiras das tribos gaulesas e foi amplamente adotada pelos romanos, tornando-se a única deusa celta a ser incorporada ao panteão romano oficial. Seu culto era tão respeitado que até mesmo os soldados do exército imperial romano carregavam imagens e amuletos dedicados a ela para garantir proteção durante suas viagens e batalhas.

Epona era reverenciada como protetora dos viajantes, cavaleiros, mensageiros e daqueles que dependiam da força dos cavalos. Além disso, sua ligação com a fertilidade e a abundância a tornava uma divindade associada à prosperidade e ao crescimento.

### *A Guardiã dos Caminhos e da Liberdade*

Epona não é apenas uma deusa dos cavalos, mas também uma guia espiritual, abrindo caminhos e protegendo aqueles que enfrentam mudanças e jornadas importantes. Sua energia auxilia quem busca novos começos, liberdade e proteção em suas viagens – sejam elas físicas, espirituais ou emocionais.

Ela também representa a conexão entre o humano e o animal, ensinando o respeito pela natureza e a harmonia entre os seres vivos. Assim como os cavalos simbolizam força e resistência, Epona inspira coragem para seguir em frente, superando obstáculos e buscando sempre a liberdade interior.

*Práticas para se conectar com Epona*

Honrar Epona envolve celebrar a liberdade, a força e o movimento. Algumas maneiras de se conectar com sua energia incluem:

- **Praticar caminhadas conscientes:** Andar ao ar livre, sentindo cada passo como um símbolo de progresso e conexão com os caminhos sagrados da vida.
- **Fazer oferendas de grãos, maçãs e feno:** Para representar a nutrição e a abundância que Epona traz para aqueles que a honram.
- **Meditação com a energia dos cavalos:** Visualizar-se cavalgando livremente em um campo aberto, absorvendo a força e a velocidade do animal sagrado de Epona.
- **Criar um amuleto para proteção em viagens:** Usar um símbolo de cavalo, uma ferradura ou um cristal de proteção para garantir segurança em deslocamentos e mudanças.

*Correspondências mágicas de Epona*

**Cores:** Branco, dourado, marrom

**Elementos:** Terra e Ar

**Símbolos:** Cavalos, ferraduras, caminhos, maçãs, sela e rédeas

**Ervas:** Aveia, camomila, sálvia, hortelã

**Cristais:** Olho de tigre, turmalina, jaspe marrom, quartzo branco

**Animais sagrados:** Cavalos, lobos, falcões

**Festas e celebrações:** Solstício de Inverno (renovação e proteção)

### A sabedoria de Epona

Epona é a deusa daqueles que buscam aventura, liberdade e superação. Ela nos ensina que a vida é uma jornada e que devemos cavalgar com coragem, confiando no caminho que se abre diante de nós. Sua presença nos convida a seguir em frente sem medo, a abraçar as mudanças e a honrar o espírito da natureza e dos animais.

Seja para proteção em viagens, para encontrar novos rumos ou para se libertar de amarras emocionais, Epona galopa ao nosso lado, nos guiando com sua força e sabedoria ancestral.

### Oração a Epona para proteção em viagens

*Epona, Senhora dos Caminhos e Guardiã dos Viajantes,*
*Tu que cavalga entre os mundos, veloz e incansável,*
*Acompanha-me nesta jornada,*
*E protege-me sob tua vigilante presença.*

*Que teus olhos enxerguem além do horizonte,*
*Mantendo-me seguro contra perigos ocultos,*
*Que teus cascos afastem os obstáculos,*
*E que teus ventos suaves guiem meu caminho.*

*Seja por terra, mar ou ar,*
*Que tua bênção esteja comigo,*
*Que cada passo seja firme,*
*Que cada estrada seja segura,*
*E que eu chegue ao meu destino em paz e harmonia.*

*Epona, poderosa e sábia,*
*Afasta os infortúnios, protege minha viagem,*
*E permite que eu retorne são e salvo,*
*Trazendo comigo apenas boas histórias e aprendizados.*
*Assim seja!*

## Blodeuwedd: A Deusa das Flores e da Transformação

Blodeuwedd é uma deusa celta da beleza, da renovação e da transformação, cuja história reflete os mistérios da liberdade, da traição e da resiliência. Seu nome significa "Face de Flores", pois foi criada magicamente a partir de flores por dois magos poderosos, Math e Gwydion, para ser a esposa de Lleu Llaw Gyffes, um herói gaulês que, por um feitiço, não podia se casar com nenhuma mulher nascida de uma mãe mortal.

Apesar de sua origem encantada, Blodeuwedd possuía sua própria vontade e desejo de liberdade. Apaixonou-se por outro homem, Gronw Pebr, e juntos conspiraram matar seu marido. No entanto, o plano falhou e Lleu, com a ajuda de Gwydion, sobreviveu e puniu Blodeuwedd por sua traição, transformando-a em uma coruja, condenada a vagar pela noite.

Assim, Blodeuwedd se tornou um símbolo da lua, da transformação e da sabedoria oculta, representando as lições da escolha, da mudança e da adaptação ao destino.

### *A simbologia de Blodeuwedd: beleza, mistério e transformação*

Blodeuwedd encarna o ciclo da renovação, mostrando que a natureza da vida está sempre em mudança. Seu mito não deve ser visto apenas como uma história de traição, mas sim como um reflexo do desejo de liberdade, autodescoberta e conexão com a própria verdade interior.

Como deusa da transformação, ela nos ensina que podemos renascer quantas vezes forem necessárias, aprendendo com os

erros e nos tornando mais sábios. Sua ligação com as corujas a torna uma guia espiritual poderosa, trazendo clareza para aqueles que buscam enxergar além das aparências.

### *Conexão com Blodeuwedd*

Trabalhar com a energia de Blodeuwedd envolve a exploração da própria identidade e a aceitação das mudanças da vida. Ela ensina que a liberdade tem um preço e que cada escolha traz suas consequências.

### *Práticas para se conectar com Blodeuwedd*

**Uso de flores em rituais de renovação:** Criar buquês ou coroas de flores e usá-las em momentos de transição para representar um novo começo.

**Conexão com a lua e o mistério da noite:** Observar a lua e meditar sobre seu brilho pode ajudar a compreender as transformações internas e externas.

**Trabalho com corujas como animais de poder:** Observar ou visualizar corujas pode trazer insights e despertar a intuição.

**Banhos florais e oferendas:** Tomar banhos com pétalas de flores para renovação energética ou deixar oferendas em campos e florestas para agradecer à deusa.

**Exploração da própria identidade:** Escrever sobre os ciclos da sua vida e os momentos de transformação pode ajudar a entender sua jornada sob a orientação de Blodeuwedd.

### *Correspondências mágicas de Blodeuwedd*

**Cores:** Branco, azul-claro, lilás, prateado

**Elementos:** Ar e Terra

**Símbolos:** Flores, corujas, lua, penas brancas

**Ervas:** Jasmim, rosa, lavanda, camomila, violeta

**Cristais:** Pedra-da-lua, ametista, quartzo rosa, selenita

**Animais sagrados:** Coruja, borboleta, cisne

**Festas e celebrações:** Ostara (energia do ar), Lua Cheia (mistérios e intuição)

### A sabedoria de Blodeuwedd

Blodeuwedd nos ensina que a liberdade vem com responsabilidade e que cada transformação nos torna mais conscientes do nosso verdadeiro eu. Ela nos convida a abraçar as mudanças, aceitar nossa própria essência e enxergar a beleza da renovação.

Seja como deusa das flores ou como guardiã da noite, Blodeuwedd guia aqueles que buscam autoconhecimento, força e coragem de viver conforme sua própria verdade.

### Oração a Blodeuwedd para sabedoria e clareza

*Blodeuwedd, Senhora das Flores e da Noite,*
*Deusa da renovação e dos mistérios ocultos,*
*Que tua sabedoria me envolva como o perfume das flores,*
*E que tua visão aguçada me guie como o voo da coruja.*

*Ensina-me a enxergar além das aparências,*
*A compreender as verdades ocultas nas sombras,*
*E a acolher a mudança como parte do meu crescimento.*

*Que eu aprenda com os ciclos da vida,*
*Como as flores que desabrocham e se renovam,*
*Que eu aceite minha própria transformação,*
*E encontre força na liberdade de ser quem sou.*

*Blodeuwedd, deusa da intuição e do conhecimento,*
*Ilumina minha mente com clareza e discernimento,*
*Guia-me nos caminhos do aprendizado,*
*E faz-me sábio diante das escolhas que devo fazer.*

*Que tua luz me acompanhe na escuridão,*
*Que tua voz ecoe em minha intuição,*
*E que eu trilhe meu destino com coragem e sabedoria.*
*Assim seja!*

## Cailleach: A Senhora do Inverno e da Sabedoria Ancestral

Cailleach é uma das divindades mais antigas da tradição celta, conhecida como a Senhora do Inverno, da Renovação e da Transformação. Ela representa a face anciã da deusa, simbolizando o tempo, a sabedoria adquirida pela experiência e os ciclos da natureza. Seu nome significa "A Velha" ou "A Sábia", e seu papel é essencial para o equilíbrio entre a vida e a morte, o verão e o inverno, a expansão e o recolhimento.

Descrita como uma mulher idosa de grande poder, com pele azulada, olhos penetrantes e cabelos brancos como a neve, Cailleach governa o período frio do ano, trazendo as tempestades, os ventos cortantes e a força da natureza em seu estado mais bruto. Seu domínio se estende pelas montanhas, pelas pedras e pelos mares revoltos, sendo uma deusa que rege as forças primordiais da terra.

Interligo muito a energia de Cailleach com nossas avós e ancestrais, representando a sabedoria das pessoas mais velhas, aquelas que carregam consigo histórias, aprendizados e a força da experiência. Ela nos ensina a respeitar o tempo, a acolher as fases da vida com dignidade e a reconhecer que há poder na velhice, na introspecção e no recolhimento. Assim como as avós transmitem seu conhecimento para as gerações futuras, Cailleach nos guia com sua sabedoria severa, mas necessária, mostrando que a renovação só acontece quando aceitamos os ciclos de transformação.

Honrar Cailleach é reconhecer a força da anciã dentro de nós, respeitar o passado e aprender com aqueles que vieram antes. Ela nos lembra que cada inverno traz consigo a promessa da primavera, e que há beleza e poder na jornada de amadurecimento e crescimento.

### *A Guardiã dos Ciclos da Vida e da Morte*

Cailleach é a tecelã do destino, aquela que molda as paisagens e transforma o mundo com o passar do tempo. Segundo as lendas, ela criou as montanhas e os vales ao bater seu cajado no solo, demonstrando sua profunda ligação com a terra.

Seu papel como Senhora do Inverno ensina que o descanso e a introspecção são necessários para o renascimento. Assim como a terra precisa do inverno para recuperar sua força antes da primavera, nós também precisamos de períodos de recolhimento para crescer e nos fortalecer.

Ela nos lembra de que o envelhecimento não é um fardo, mas um caminho para a sabedoria. Seu poder está na capacidade de aceitar as transformações da vida, de aprender com os desafios e de reconhecer a beleza na passagem do tempo.

### *A dualidade de Cailleach e Brigid*

Em muitas tradições celtas, Cailleach está associada a Brigid, a deusa do fogo e da renovação. No ciclo da Roda do Ano, Cailleach governa o inverno e o período de recolhimento, enquanto Brigid traz a luz de volta na primavera, simbolizando a passagem da sabedoria ancestral para um novo começo.

No festival de Imbolc, celebrado em fevereiro, Cailleach passa seu bastão para Brigid, permitindo que a terra comece a despertar. Essa transição entre o inverno e a primavera mostra que a introspecção e o renascimento caminham juntos.

### *Conexão com Cailleach*

Honrar Cailleach significa aceitar os ciclos naturais da vida, respeitando os momentos de pausa, reflexão e aprendizado. Cailleach ensina a força do recolhimento e a importância de reconhecer a sabedoria que vem com o tempo.

### *Práticas para se conectar com Cailleach*

**Meditação em locais silenciosos e montanhosos:** A energia da deusa pode ser sentida em locais de grande altitude ou em paisagens rochosas, onde seu espírito se manifesta.

**Aceitação dos ciclos e do envelhecimento:** Trabalhar o autoconhecimento e a aceitação das mudanças naturais do corpo e da alma.

**Trabalho com pedras e cristais:** Carregar ou meditar com pedras antigas ou cristais brutos ajuda a se conectar com a energia ancestral de Cailleach.

**Respeito pelo inverno e pelo descanso:** Permitir-se momentos de recolhimento, renovação e reflexão profunda.

**Rituais com neve ou água gelada:** Representando a purificação e a renovação que o inverno traz.

### *Correspondências mágicas de Cailleach*

**Cores:** Azul-escuro, cinza, preto, branco

**Elementos:** Terra e Água

**Símbolos:** Cajado, montanhas, tempestades, neve, corvos

**Ervas:** Alecrim, pinho, artemísia, sálvia, raiz de mandrágora

**Cristais:** Ônix, obsidiana, ametista, quartzo fumê, lápis-lazúli

**Animais sagrados:** Corvo, lobo, veado, urso

**Festas e celebrações:** Yule – Solstício de Inverno (ciclo da morte e renascimento), Imbolc (transição do inverno para a primavera)

### *A sabedoria de Cailleach*

Cailleach nos ensina que o inverno não é apenas um fim, mas uma preparação para um novo começo. Sua presença nos convida a aceitar as mudanças, aprender com a experiência e encontrar força na sabedoria do tempo.

Ela é a mãe da transformação, aquela que nos desafia a crescer e a reconhecer que tudo tem seu momento de florescer e de descansar. Sob sua orientação, aprendemos que a verdadeira força não está na resistência, mas na capacidade de se adaptar e evoluir com o fluxo da vida.

### Oração a Cailleach para força e resiliência

*Ó Grande Cailleach, Anciã da Terra e dos Ventos,*
*Senhora das Montanhas e Guardiã do Tempo,*
*Que tua força ancestral flua dentro de mim,*
*Dando-me resistência para enfrentar os desafios que se impõem.*

*Tu que conheces os ciclos da vida e da morte,*
*Que moldaste o mundo com teu cajado,*
*Ensina-me a encontrar solidez nas tempestades,*
*A permanecer firme como as rochas diante das provações.*

*Cailleach, Mãe do Inverno e do Silêncio,*
*Dá-me sabedoria para aceitar o que não posso mudar,*
*E coragem para transformar o que está em minhas mãos.*

*Que eu aprenda a arte da espera e do amadurecimento,*
*Pois sei que depois do frio vem a renovação.*

*Que tua presença me fortaleça nos momentos de escuridão,*
*Que tua voz me guie quando tudo parecer incerto,*
*E que, sob tua proteção, eu caminhe com determinação,*
*Confiando na minha própria resiliência.*

## Cerridwen: A Guardiã do Caldeirão do Conhecimento

Cerridwen é uma poderosa deusa celta da magia, da inspiração e da transformação. Seu símbolo mais sagrado é o caldeirão, no qual prepara a poção da sabedoria e da iluminação, oferecendo conhecimento divino àqueles que estão prontos para recebê-lo.

Ela é uma Senhora dos Mistérios, regendo os ciclos da vida, da morte e do renascimento, além de ser uma guia para aqueles que buscam aprendizado, criatividade e despertar espiritual. Sua lenda nos ensina que o conhecimento verdadeiro não pode ser forçado, mas sim adquirido por meio da experiência, do esforço e da transformação pessoal.

### *O mito de Cerridwen e o caldeirão da inspiração*

Cerridwen é mais conhecida pela história de seu caldeirão sagrado, no qual preparava uma poção chamada Awen, a essência da inspiração e da sabedoria. Essa poção deveria ser dada a seu filho Morfran, para compensar sua aparência desagradável e lhe conceder o dom do conhecimento supremo.

No entanto, o jovem aprendiz Gwion Bach acidentalmente provou as três primeiras gotas da poção, absorvendo todo o conhecimento que Cerridwen havia destinado ao filho. Percebendo seu erro e temendo sua fúria, Gwion fugiu, iniciando uma perseguição mágica em que ambos assumiam diversas formas, demonstrando o poder da metamorfose e do renascimento.

Por fim, Cerridwen se transformou em uma galinha e engoliu Gwion, que renasceu como Taliesin, o grande poeta e bardo da tradição celta. Essa lenda mostra que a sabedoria vem com desafios e transformações, e que o verdadeiro conhecimento não pode ser obtido sem esforço e experiência.

### *O caldeirão da transformação*

Cerridwen não é apenas uma deusa do conhecimento, mas também uma mestra da magia e das mudanças internas. Seu caldeirão representa a alquimia da alma, em que tudo se dissolve para renascer mais forte. Ele é um símbolo da cura, da intuição e do crescimento espiritual, refletindo os ciclos de morte e renascimento presentes na natureza e na vida.

Ela nos ensina que toda jornada de aprendizado exige transformação, e que a verdadeira sabedoria vem de dentro, por meio das experiências e da busca pessoal. Cerridwen auxilia aqueles que estão prontos para evoluir, guiando-os pelo caminho da autodescoberta.

Sempre que pratico magias com o caldeirão, o consagro a Cerridwen para que sua energia potencialize e me auxilie em minhas práticas. Vejo nele não apenas um instrumento sagrado, mas um portal para a transmutação e o despertar da minha própria essência. Seu poder é a chama que alimenta a transformação, permitindo que eu acesse a sabedoria ancestral e a profundidade dos mistérios ocultos.

Trabalhar com Cerridwen é aceitar o chamado para o crescimento, compreender que toda mudança vem com desafios e confiar que, ao final do processo, emergimos mais sábios e fortalecidos.

### *Conexão com Cerridwen*

Para se conectar com Cerridwen, é necessário estar aberto à transformação e ao aprendizado. Seu poder está na introspecção, na busca pelo conhecimento e no processo de renascimento pessoal.

### *Práticas para se conectar com Cerridwen*

**Trabalho com o caldeirão:** Use um caldeirão em rituais para preparar poções, banhos ou infusões que representem renovação e crescimento.

**Escrita inspirada:** Como guardiã da sabedoria, Cerridwen rege a criatividade e a inspiração. Escrever, recitar poesias ou registrar pensamentos profundos são formas de se conectar com sua energia.

**Meditação sobre mudanças:** Reflita sobre os ciclos da sua vida e sobre as transformações que deseja manifestar. Cerridwen auxilia na aceitação e no processo de renascimento.

**Banhos e rituais com ervas sagradas:** O uso de ervas como camomila, lavanda e artemísia em banhos ou incensos pode fortalecer sua conexão com Cerridwen e abrir sua intuição.

**Estudo e aprendizado constante:** Buscar conhecimento e aprofundamento espiritual é uma forma de honrar a essência da deusa.

### Correspondências mágicas de Cerridwen

**Cores:** Preto, azul-escuro, prateado, lilás

**Elementos:** Água e Terra

**Símbolos:** Caldeirão, lua minguante, espiral, grãos

**Ervas:** Artemísia, sálvia, louro, camomila, mirra

**Cristais:** Ametista, lápis-lazúli, obsidiana, quartzo transparente

**Animais sagrados:** Coruja, porco, galinha, serpente

**Festas e celebrações:** Samhain (ciclo da morte e do renascimento), Imbolc (inspiração e renovação)

### A sabedoria de Cerridwen

Cerridwen nos ensina que o conhecimento verdadeiro é um processo de transformação e que cada ciclo da vida traz consigo novas oportunidades de aprendizado. Seu caldeirão é um símbolo da renovação da alma, no qual tudo o que precisa ser curado ou evoluído é dissolvido e recriado.

Ela nos lembra que a busca pela sabedoria exige paciência, dedicação e aceitação das mudanças, mas que aqueles que se comprometem com essa jornada encontrarão clareza, inspiração e crescimento espiritual.

### Oração a Cerridwen para despertar a magia interior

*Ó Cerridwen, Grande Guardiã do Caldeirão,*
*Senhora da Magia, da Transformação e da Inspiração,*
*Que tua sabedoria flua em minha alma,*
*E desperte em mim o poder ancestral.*

*Que eu beba das águas do teu caldeirão,*
*E que minha mente se ilumine com o Awen,*
*Que minha intuição se fortaleça como as marés,*
*E que minha magia cresça como a lua no céu.*

*Que eu seja um canal do teu conhecimento,*
*Que minha voz ecoe com verdade,*
*Que minhas mãos toquem o mundo com encantamento,*
*E que minha essência brilhe com a força do renascimento.*

*Cerridwen, Senhora das Mudanças,*
*Guia-me na jornada da magia,*
*Ensina-me a aceitar os ciclos da vida,*
*E a transformar cada desafio em aprendizado.*

*Que tua presença envolva minha alma,*
*Que tua luz desperte meu poder,*
*E que, sob tua bênção,*
*Minha magia floresça e resplandeça.*
*Assim seja!*

## Arianrhod: A Guardiã das Estrelas e do Destino

Arianrhod é uma deusa galesa do céu estrelado, do destino e dos ciclos cósmicos, sendo uma das figuras mais enigmáticas da mitologia celta. Seu nome significa "Roda de Prata", simbolizando a lua, os ciclos do tempo e a teia do destino que entrelaça todas as almas. Como senhora dos mistérios celestiais, Arianrhod rege os caminhos espirituais e a linhagem ancestral, guiando aqueles que buscam compreender seu verdadeiro propósito e destino na vida.

Ela é filha da deusa Don, pertencente à antiga linhagem dos deuses gauleses conhecidos como os Filhos de Don, sendo assim uma conexão direta com os mistérios celestes e a sabedoria ancestral.

### *Mitos: Arianrhod e o Castelo das Estrelas*

Na mitologia, Arianrhod habita Caer Arianrhod, o "Castelo da Roda de Prata", um reino celestial frequentemente associado à constelação da Coroa Boreal. Seu castelo é um reflexo do Outro Mundo celta, um local onde o destino é tecido e onde os segredos do universo são guardados.

Como guardiã das estrelas, ela rege os caminhos espirituais, a intuição e as revelações que vêm pelos sonhos e pela conexão com os astros. Seu domínio está no inconsciente, na jornada da alma e na compreensão do próprio papel dentro do grande ciclo cósmico.

Arianrhod aparece na mitologia como uma figura de transição e iniciação, testando aqueles que buscam sua sabedoria. Um dos mitos mais conhecidos envolvendo essa deusa é a história de seus filhos, Dylan e Lleu Llaw Gyffes, que foram concebidos magicamente, sem que ela desejasse a maternidade.

Quando seu filho Lleu nasceu, Arianrhod impôs a ele três desafios:

1. Ele não teria um nome, a menos que fosse concedido por ela.
2. Ele não teria armas, a menos que ela as oferecesse.
3. Ele nunca se casaria com uma mulher humana.

Seu tio, Gwydion, ajudou Lleu a superar essas provações, mostrando que o destino pode ser moldado por meio do esforço e do conhecimento. Dessa forma, Arianrhod representa os desafios que encontramos ao longo da vida e a necessidade de superação para alcançar nosso verdadeiro potencial.

### *Arianrhod e a lua: Senhora dos Ciclos e do Feminino Sagrado*

Por sua ligação com a Roda de Prata, Arianrhod também é associada à lua e aos mistérios do feminino sagrado. Sua energia rege os ciclos menstruais, a intuição, os sonhos e os processos de autoconhecimento, sendo uma deusa profundamente ligada ao arquétipo da sacerdotisa e da iniciadora dos caminhos espirituais.

Ela ensina que o tempo não é linear, mas sim cíclico, e que tudo ocorre dentro do fluxo natural da existência. Seu chamado é para aqueles que buscam entender seus próprios ciclos internos, o propósito de suas almas e a ligação com o universo.

### *Conexão com Arianrhod*

Trabalhar com a energia de Arianrhod envolve autodescoberta, conexão com as estrelas e o reconhecimento do próprio destino. Para aqueles que buscam seu auxílio, ela pode despertar dons ocultos, fortalecer a intuição e trazer clareza sobre o caminho espiritual.

### *Práticas para se conectar com Arianrhod*

**Rituais de autodescoberta:** Escrever sobre seus ciclos de vida, reconhecer padrões e buscar entender sua missão espiritual.

**Meditação com as estrelas:** Observar o céu noturno e se conectar com as constelações pode trazer mensagens e direcionamento.

**Símbolos lunares e cósmicos:** Usar joias ou talismãs com símbolos da lua, espirais ou estrelas para fortalecer sua ligação com Arianrhod.

**Trabalho com sonhos e intuição:** Registrar sonhos e praticar meditações antes de dormir pode ajudar a acessar mensagens dessa deusa.

**Estudo do próprio mapa astral:** Como deusa dos ciclos cósmicos, Arianrhod pode auxiliar na compreensão da própria essência por meio da astrologia.

### *Correspondências mágicas de Arianrhod*

**Cores:** Prata, azul-escuro, branco

**Elementos:** Ar e Água

**Símbolos:** Roda, lua, estrelas, teia do destino

**Ervas:** Artemísia, sálvia, jasmim, camomila

**Cristais:** Pedra-da-lua, labradorita, ametista, quartzo transparente, lápis-lazúli

**Animais sagrados:** Coruja, águia, cisne

**Festas e celebrações:** Todos os festivais de trocas de estação (Yule, Litha, Ostara e Mabon)

### A sabedoria de Arianrhod

Arianrhod nos ensina que somos parte de algo maior, e que nosso destino está entrelaçado com as forças do universo. Ela nos lembra que cada desafio é uma oportunidade de crescimento e que a compreensão do nosso verdadeiro propósito acontece quando aceitamos as mudanças e os ciclos da vida.

Sob sua orientação, aprendemos que cada estrela no céu é um reflexo do nosso próprio brilho interior, e que, para encontrar nosso caminho, devemos primeiro olhar para dentro de nós mesmos.

### Oração a Arianrhod para clareza e propósito de vida

*Arianrhod, Senhora da Roda de Prata,*
*Guardiã das estrelas e dos mistérios celestes,*
*Ilumina meu caminho com tua luz prateada,*
*E ajuda-me a enxergar além das sombras da dúvida.*

*Tu que teces os fios do destino,*
*Revela-me minha verdadeira jornada,*
*Mostra-me os sinais que guiam meu espírito,*
*E desperta em mim a sabedoria do universo.*

*Que eu compreenda meu propósito,*
*Que eu aceite os ciclos da vida com coragem,*
*E que minha alma brilhe como as estrelas no céu,*
*Firme, serena e repleta de luz.*

*Arianrhod, guia-me com tua força,*
*Abre os portões do conhecimento e da intuição,*
*E que, sob tua bênção,*
*Eu trilhe meu caminho com clareza e confiança.*
*Assim seja!*

## Belenus: O Brilho Curador do Sol

Belenus é um deus solar celta amplamente venerado na Gália, na Britânia e em partes da Europa Central, onde era associado ao poder do sol, à cura, à fertilidade e à regeneração. Seu nome deriva da raiz celta *bel*, que significa "brilhante" ou "radiante", refletindo sua essência como uma divindade luminosa e protetora.

Ele era conhecido como o fogo da vida, trazendo vitalidade, crescimento e renascimento. Seu culto estava profundamente ligado à agricultura, à força vital da terra e ao equilíbrio entre luz e escuridão, garantindo colheitas prósperas e a renovação da energia nos corpos e na natureza.

### *O Festival de Beltane e a Celebração de Belenus*

Belenus está fortemente ligado ao festival celta de Beltane, celebrado no dia 1º de maio, quando fogueiras sagradas eram acesas em sua honra. Esse festival marcava o meio do ciclo entre o Equinócio da Primavera e o Solstício de Verão, sendo um momento de purificação, fertilidade e renovação.

Os antigos celtas passavam o gado entre duas fogueiras consagradas a Belenus, acreditando que isso os protegeria de doenças e más energias. Esse ritual demonstra seu papel como curador e protetor, concedendo força, saúde e crescimento a tudo o que é tocado por sua luz.

### *Belenus como deus da cura e da regeneração*

Além de sua associação com a luz e o fogo, Belenus era também um deus curador, frequentemente relacionado às águas termais e fontes sagradas. Ele era invocado para tratar doenças, restaurar o equilíbrio do corpo e da alma e promover a energia vital necessária para a recuperação.

Muitos de seus santuários foram encontrados próximos a fontes termais, reforçando seu papel como divindade regeneradora. Ele era visto como um guia da vida e do renascimento, ajudando a superar desafios físicos e espirituais.

*Conexão com Belenus*

Trabalhar com a energia de Belenus envolve acolher o poder do sol e sua força revitalizadora. Ele é uma deidade ideal para momentos de cura, renovação e busca por vitalidade, trazendo clareza mental, força e proteção.

*Práticas para se conectar com Belenus*

**Meditações ao nascer do sol:** Sentar-se sob os primeiros raios do sol e absorver sua energia pode fortalecer a conexão com Belenus.

**Acender velas douradas ou amarelas:** Como representação de sua luz e calor, essas velas podem ser usadas em rituais de força e proteção.

**Trabalho com ervas solares:** Usar plantas associadas ao sol, como alecrim, camomila e erva-de-são-joão, em banhos e incensos pode ajudar a canalizar sua energia.

**Fogueiras e rituais de purificação:** Acender pequenas chamas ou fazer rituais de fogo para eliminar a negatividade e revitalizar o espírito.

**Conexão com a energia da cura:** Fazer oferendas em fontes naturais ou praticar a imposição de mãos para cura energética.

*Correspondências mágicas de Belenus*

**Cores:** Dourado, amarelo, laranja e vermelho

**Elementos:** Fogo e Terra

**Símbolos:** Sol, espiral, fogueira, disco solar

**Ervas:** Alecrim, camomila, erva-de-são-joão, girassol, louro

**Cristais:** Âmbar, citrino, olho de tigre, pirita

**Animais sagrados:** Cavalo, falcão, cervo

**Festas e celebrações:** Beltane (renovação, fertilidade e vitalidade)

### A sabedoria de Belenus

Belenus nos ensina que a luz e a cura estão sempre ao nosso alcance e que devemos aprender a absorver o calor da vida, restaurando nossa força interior. Ele representa o equilíbrio entre renovação e crescimento, e nos lembra de que, assim como o sol renasce a cada dia, nós também podemos renascer e brilhar com plenitude.

Seja como um deus da vitalidade, proteção ou regeneração, Belenus guia aqueles que buscam clareza, energia e renovação, iluminando o caminho para um futuro mais brilhante.

### Oração a Belenus para vitalidade e energia

*Ó Belenus, Radiante Senhor do Sol,*
*Que tua luz ilumine meu corpo e minha alma,*
*Que teu calor aqueça meu espírito,*
*E que tua força me preencha com vitalidade.*

*Que tua chama sagrada dissolva o cansaço,*
*Que teu brilho expulse as sombras da incerteza,*
*E que tua energia me fortaleça,*
*Trazendo coragem, clareza e renovação.*

*Belenus, Mestre da Cura e do Renascimento,*
*Dá-me ânimo para enfrentar os desafios,*
*Dá-me vigor para seguir meu caminho,*
*E que, sob tua bênção,*
*Meu corpo seja forte, minha mente seja clara*
*E meu espírito resplandeça como o sol.*

*Que tua luz guie meus passos,*
*Que tua chama purifique minha jornada,*
*E que eu renasça, dia após dia,*
*Com a força do fogo e a bênção da vida.*
*Assim seja!*

## Lugh: O Senhor das Muitas Habilidades

Lugh é um dos deuses mais reverenciados da mitologia celta, conhecido por sua maestria em diversas artes e habilidades. Ele é o deus da luz, da criatividade, da guerra, da inteligência e da soberania, sendo muitas vezes chamado de Lugh Samildanach, que significa "o de muitas habilidades". Seu nome deriva da raiz celta *lug*, que remete ao brilho e à iluminação, refletindo sua natureza como portador da luz e da sabedoria.

Lugh não era apenas um guerreiro invencível, mas também um artesão, poeta, músico e líder estratégico. Seu conhecimento abrangia todas as áreas da vida, e ele representava o arquétipo do herói perfeito: destemido, carismático e mestre em tudo o que se propunha a fazer. Como um dos principais membros dos Tuatha Dé Danann, foi ele quem liderou os deuses celtas na batalha contra os Fomorianos, derrotando seu avô Balor, o gigante de um olho só, e restaurando o equilíbrio entre luz e escuridão.

Além de sua força e inteligência, Lugh também era um deus da colheita e da prosperidade, garantindo fartura à terra e aos seus seguidores. Seu culto era amplamente celebrado em toda a Gália, Irlanda e Britânia, sendo associado a diversas cidades e locais sagrados. Seu festival principal, Lughnasadh, marcava o início da colheita e era um período de celebração, competições e rituais de agradecimento.

### *Lughnasadh e a Celebração de Lugh*

O festival de Lughnasadh, celebrado no início de agosto, era dedicado a Lugh e à abundância trazida pela colheita. Durante essa época, os povos celtas realizavam jogos, banquetes e competições para honrar sua energia e demonstrar suas próprias habilidades. O festival também simbolizava a interligação entre o trabalho humano e as bênçãos divinas, reconhecendo Lugh como aquele que garante o sucesso e a proteção das colheitas.

Além de ser um período de festa e agradecimento, Lughnasadh era um momento para fortalecer alianças, estabelecer compromissos e refletir sobre as conquistas individuais. Assim como Lugh era mestre de todas as artes, os celtas eram incentivados a buscar aprimoramento e excelência em suas próprias habilidades, honrando sua luz interior e desenvolvendo seus dons.

### *Lugh como guerreiro, sábio e protetor*

Lugh não era apenas um deus da prosperidade e das habilidades, mas também um líder destemido e um estrategista brilhante. Sua arma lendária, a Lança de Lugh, era tão poderosa que ninguém podia resistir a ela. Com sua inteligência e destreza, ele liderou os Tuatha Dé Danann na grande batalha contra os Fomorianos, libertando a Irlanda do domínio de Balor e restaurando a harmonia entre os mundos.

Além da guerra, Lugh era um patrono dos artesãos e da criatividade. Ele ensina que a verdadeira força não está apenas no combate, mas na sabedoria, no aprendizado constante e na maestria de todas as artes. Seu arquétipo inspira aqueles que buscam desenvolver suas habilidades e trilhar seu próprio caminho com coragem e excelência.

### *Conexão com Lugh*

Para trabalhar com a energia de Lugh, é essencial buscar aprimoramento, aprendizado e autodesenvolvimento. Ele rege a coragem, a criatividade e a inteligência, sendo um guia para aqueles que desejam superar desafios e alcançar o máximo de seu potencial.

### *Práticas para se conectar com Lugh*

**Desenvolvimento pessoal:** Escolha uma habilidade que deseja aperfeiçoar e dedique tempo para aprimorá-la, seja um ofício, arte ou prática espiritual.

**Celebração de Lughnasadh:** Realize um pequeno ritual de gratidão pela prosperidade e pelas oportunidades em sua vida. Ofereça pães, frutas e ervas solares (por exemplo, alecrim, manjericão, tomilho, sálvia, melissa e lavanda) como símbolo da colheita.

**Competição saudável:** Participe de jogos, esportes ou desafios que exijam esforço e superação, honrando o espírito competitivo e destemido de Lugh.

**Trabalho com luz e criatividade:** Acenda uma vela dourada ou laranja e visualize sua mente se expandindo com novas ideias e soluções criativas.

**Ritual de proteção e estratégia:** Antes de tomar uma decisão importante, invoque Lugh pedindo clareza mental e visão estratégica para seguir pelo melhor caminho.

### *Correspondências mágicas de Lugh*

**Cores:** Dourado, amarelo, laranja e branco

**Elementos:** Fogo e Ar

**Símbolos:** Lança, sol, corvo, espiral

**Ervas:** Louro, alecrim, erva-de-são-joão, girassol

**Cristais:** Olho de tigre, citrino, âmbar, pirita

**Animais sagrados:** Corvo, cavalo, águia

**Festas e celebrações:** Lughnasadh (abundância, colheita e desenvolvimento pessoal)

### *A sabedoria de Lugh*

Lugh nos ensina que todo ser humano carrega dentro de si um potencial infinito de crescimento e realização. Seu exemplo nos inspira a buscar o conhecimento, a cultivar nossas habilidades e a trilhar nosso caminho com coragem. Ele representa a luz do aprendizado e do progresso, mostrando que, com dedicação e sabedoria, podemos vencer qualquer batalha e alcançar a plenitude.

Seja como guerreiro, criador ou protetor, Lugh guia aqueles que desejam desenvolver suas forças internas, superar desafios e alcançar o domínio de sua própria jornada. Ele ilumina os caminhos com sua sabedoria, trazendo clareza, coragem e a força para conquistar novos horizontes.

### *Oração a Lugh para superação e sabedoria*

*Lugh, Senhor da Luz e da Maestria,*
*Que tua chama brilhe em minha mente,*
*Que tua força guie meus passos,*
*Que minha arte seja forjada com destreza,*
*E que meus talentos floresçam como o sol.*

*Mestre da Lança e do Conhecimento,*
*Que eu caminhe com coragem e sabedoria,*
*Que minhas palavras sejam afiadas como tua lâmina,*
*E que meus desafios sejam vencidos com inteligência.*

*Lugh, aquele que tudo domina,*
*Ensina-me a trilhar meu próprio caminho,*
*A buscar o aperfeiçoamento sem medo,*
*E a alcançar a grandeza que me foi destinada.*

*Que tua luz ilumine minha jornada,*
*Que tua força me torne invencível,*
*E que, sob tua proteção,*
*Eu prospere em tudo o que me dedicar.*
*Que assim seja e que assim se faça!*

## Manannan Mac Lir: Guardião dos Portais entre os Mundos

Manannan Mac Lir é um dos deuses mais misteriosos e poderosos da mitologia celta, reverenciado como o Senhor do Mar, da Magia e das Travessias entre os Mundos. Filho de Lir, o grande deus das águas, Manannan é um mestre dos portais e dos caminhos ocultos, conduzindo aqueles que buscam sabedoria pelos véus que separam os reinos material e espiritual. Ele é tanto um viajante quanto um guardião, protegendo o acesso às terras sagradas do Outro Mundo e concedendo sua orientação apenas àqueles que demonstram coragem e respeito pelos mistérios.

Seu nome carrega o eco das profundezas oceânicas e da névoa que encobre o desconhecido, representando a vastidão do invisível e o poder da transformação. Mais do que um deus do mar, ele é um condutor de almas, um mago das ilusões e um detentor de conhecimentos arcanos, ensinando que a realidade é moldável para aqueles que compreendem seus segredos.

Manannan é frequentemente descrito como um senhor das Ilhas Encantadas, territórios místicos além da visão comum, onde o tempo corre de maneira diferente e a sabedoria é transmitida por meio da experiência direta. Ele é aquele que guarda as passagens entre os mundos e que protege os conhecimentos ancestrais para quem se mostra digno de recebê-los.

### *O Guardião dos Portais e das Travessias*

Manannan é profundamente ligado à ideia de transição e passagem entre dimensões. Ele rege não apenas o mar físico, mas também o oceano do desconhecido, as águas que separam os vivos dos espíritos e os mundos tangíveis dos reinos invisíveis. Como guardião dos portais entre os mundos, ele abre e fecha caminhos, permitindo que apenas aqueles preparados cruzem para além do véu.

Nos mitos celtas, ele é muitas vezes retratado conduzindo almas entre os mundos, tanto em sua barca mágica Wave Sweeper quanto por meio de suas artes ilusórias, que ocultam e revelam os caminhos secretos. Ele ensina que toda jornada espiritual é uma travessia entre realidades e que, para compreender a magia, é preciso aprender a navegar entre os reinos sem medo.

Os rituais dedicados a Manannan frequentemente envolvem portais, sejam físicos ou simbólicos, como o mar, a neblina e os espelhos d'água. Seus devotos o invocam para proteção em jornadas espirituais, para facilitar viagens astrais e para compreender os ciclos de morte e renascimento. Trabalhar com ele é aceitar o desafio de atravessar os véus da ilusão e enxergar a verdade oculta em todas as coisas.

### *A magia e os encantamentos de Manannan*

Como um deus das ilusões e das mudanças, Manannan ensina que a realidade não é fixa e que tudo pode ser moldado pela intenção e pela percepção. Ele domina a arte de esconder e revelar, tornando-se invisível quando deseja ou ocultando terras inteiras sob a névoa para protegê-las de invasores.

Além de seus poderes sobre o mar e os portais, ele também concede armas e artefatos mágicos aos heróis que considera dignos. Sua espada Fragarach, chamada de "A Resposta", tem o poder de cortar qualquer defesa e forçar seu portador a dizer apenas a verdade. Seu manto de névoa permite a invisibilidade, enquanto seu cavalo marinho Enbarr pode correr sobre as águas e atravessar mundos sem dificuldade.

Aqueles que buscam conexão com Manannan devem aprender a confiar no desconhecido, aceitar as mudanças e desenvolver sua intuição. Ele ensina que a verdadeira sabedoria não está apenas em acumular conhecimento, mas em saber quando revelar e quando ocultar, quando avançar e quando recuar.

### *Conexão com Manannan Mac Lir*

Trabalhar com Manannan é aceitar o chamado para atravessar os portais do visível e do invisível. Ele auxilia aqueles que buscam explorar as dimensões espirituais, compreender os ciclos da vida e da morte e acessar os segredos ocultos da existência.

### *Práticas para se conectar com Manannan Mac Lir*

- **Rituais de passagem entre os mundos:** Use espelhos d'água, névoa ou portas simbólicas em cerimônias para facilitar a conexão com o Outro Mundo.

- **Trabalho com sonhos e viagens astrais:** Antes de dormir, peça a Manannan que guie sua consciência através dos portais do inconsciente, trazendo visões e ensinamentos.
- **Exploração de locais de transição:** Visite praias, ilhas e neblinas ao amanhecer, que é o período em que os portais entre os mundos estão mais abertos.
- **Meditação com a névoa:** Visualize-se atravessando um véu de névoa, confiando que Manannan guiará seus passos e revelará apenas o que você está preparado para ver.
- **Oferendas ao mar:** Deixe leite, mel, conchas ou pequenos barcos de madeira como oferendas em sua homenagem.

### *Correspondências mágicas de Manannan*

- **Cores:** Azul profundo, prata, verde oceano
- **Elementos:** Água e Ar
- **Símbolos:** Mar, espiral, neblina, barcos, chaves e portais
- **Ervas:** Algas marinhas, jasmim, lavanda, sálvia
- **Cristais:** Labradorita, água-marinha, opala, ametista
- **Animais sagrados:** Cavalo marinho, gaivota, golfinho, lobo
- **Festas e celebrações:** Samhain (passagem entre os mundos), Yule (conectado à energia do elemento Água), Mabon (conectado à energia do elemento Terra)

### *A sabedoria de Manannan*

Manannan nos ensina que nada é fixo e que toda realidade é mutável. Ele rege os portais entre os mundos e mostra que há sempre um caminho para aqueles que estão prontos para atravessar. Sua sabedoria é a do fluxo, da adaptação e da conexão com o invisível.

Ao invocar Manannan, somos desafiados a confiar no desconhecido e a enxergar além das ilusões. Ele nos ensina a sermos navegadores de nossa jornada espiritual, equilibrando razão e intuição, coragem e mistério.

Assim como o oceano nunca permanece o mesmo, Manannan nos lembra de aceitar as mudanças e compreender que a magia está nos momentos de transição, nas fronteiras entre os mundos e nos mistérios que se desdobram para aqueles que ousam atravessar os véus.

**Oração a Manannan para abrir os portais da consciência**

*Manannan, Senhor das Névoas e dos Caminhos Ocultos,*
*Que tua voz ecoe através das águas profundas,*
*Que teus passos revelem os caminhos secretos,*
*E que, sob tua proteção, eu encontre meu verdadeiro destino.*

*Guardião das Ilhas Encantadas,*
*Que minha visão se expanda além do véu,*
*Que minha intuição me guie entre os mundos,*
*E que eu compreenda os segredos que apenas os sábios podem ver.*

*Manannan, aquele que abre e fecha os portais,*
*Permite-me atravessar com coragem,*
*Ensina-me a aceitar as mudanças,*
*E a navegar com sabedoria pelos mares da existência.*

*Que tua névoa me envolva quando precisar de proteção,*
*Que tua luz me guie quando precisar de clareza,*
*E que, sob tua orientação, eu sempre encontre o caminho certo.*
*Que assim seja e que assim se faça!*

## Aengus Mac Óg: O deus do amor, da beleza e dos sonhos

Aengus Mac Óg, também conhecido como Aengus Óg, é o deus celta do amor, da juventude, da beleza e dos sonhos. Seu nome significa "Aengus, o Jovem", refletindo sua eterna juventude e sua conexão com a paixão, a arte e a inspiração. Ele é um dos deuses mais encantadores da mitologia irlandesa, associado ao romance, à poesia e ao poder dos sonhos como um meio de revelação e transformação.

Filho de Dagda, o grande deus da abundância, e da deusa Boann, senhora do rio Boyne, Aengus nasceu em meio à magia e ao mistério.

Sua concepção foi envolta em um encantamento: para esconder sua gestação, Dagda fez com que o sol permanecesse fixo no céu por nove meses, permitindo que Aengus nascesse e crescesse em um único dia. Desde então, sua natureza radiante e sua beleza irresistível o tornaram uma das divindades mais queridas e cultuadas do panteão celta.

Aengus é o deus que governa os encontros das almas, os laços eternos e a busca pelo amor verdadeiro. Sua presença pode ser sentida nos momentos de paixão e conexão profunda, assim como na melodia dos ventos e na suavidade dos sonhos. Ele ensina que o amor e a beleza são forças que transcendem o tempo e a forma, unindo corações mesmo além da vida e da morte.

*O cisne e o amor eterno de Aengus*

A lenda mais famosa de Aengus é sua busca por Caer Ibormeith, uma mulher de beleza celestial que lhe apareceu em sonhos. Ele a viu pela primeira vez enquanto dormia e, ao despertar, ficou obcecado por sua imagem, vagando pela Irlanda em sua procura. Quando finalmente descobriu seu paradeiro, soube que Caer não era uma mulher comum, mas uma fada encantada que passava metade do ano na forma de um cisne.

Para provar seu amor e conquistá-la, Aengus foi até o lago onde ela repousava com outras 150 mulheres-cisnes. Ele declarou que a reconheceria entre todas, e, ao encontrá-la, se transformou em um cisne também. Juntos, eles alçaram voo pelo céu da Irlanda, cantando uma melodia tão bela que todos que a ouviam caíam em um sono profundo e pacífico.

Essa história simboliza a pureza do amor verdadeiro, que transcende barreiras e se molda às mudanças do destino. O cisne, como símbolo de Aengus, representa não apenas a beleza e a graça, mas também a alma gêmea e a jornada espiritual que leva ao reencontro com aquilo que está destinado.

### *O cisne como símbolo espiritual*

Na tradição celta, o cisne é uma ave sagrada associada à alma, aos reinos encantados e à transformação. Ele é visto como um guardião das águas místicas, capaz de viajar entre os mundos e revelar verdades ocultas. Assim como Aengus voou ao lado de Caer, os cisnes simbolizam a fluidez do amor, a conexão espiritual e a promessa de reencontro entre aqueles que se pertencem.

A presença de um cisne em sonhos pode ser interpretada como um chamado de Aengus, guiando a alma para o amor verdadeiro ou para a descoberta de sua própria beleza interior. Ele também está ligado ao renascimento e à pureza, sendo um mensageiro da transformação e do despertar espiritual.

### *Aengus e os sonhos: o mensageiro da inspiração*

Além de ser um deus do amor, Aengus governa o reino dos sonhos e da imaginação. Ele é o mestre das visões noturnas, revelando mensagens por meio de sonhos lúcidos e intuições profundas. Aqueles que buscam sua orientação podem encontrá-lo em estados meditativos ou durante o sono, em que ele aparece como um jovem radiante, trazendo inspiração e respostas para questões do coração e da alma.

Ele também é um patrono dos bardos e artistas, concedendo o dom da palavra e da melodia àqueles que desejam expressar sua criatividade. Aengus ensina que o amor e a arte são forças que transcendem o tempo, conectando corações e elevando a consciência.

### *Conexão com Aengus Mac Óg*

Trabalhar com a energia de Aengus é se abrir para o amor em todas as suas formas – romântico, espiritual e criativo. Ele auxilia aqueles que desejam encontrar sua alma gêmea, fortalecer laços afetivos e despertar sua inspiração interior. Sua presença é sentida nos momentos de beleza e encantamento, quando o coração se enche de alegria e os sonhos revelam segredos ocultos.

### *Práticas para se conectar com Aengus Mac Óg*

**Rituais de amor e conexão:** Acenda velas cor-de-rosa e visualize a energia do amor preenchendo sua vida.

**Trabalho com sonhos:** Antes de dormir, peça a Aengus que revele mensagens em seus sonhos e mantenha um diário para registrar suas visões.

**Oferendas de beleza e poesia:** Escreva um poema, componha uma canção ou crie algo belo como uma homenagem a ele.

**Celebração do amor verdadeiro:** Honre seus relacionamentos e cultive a harmonia e a conexão emocional com aqueles que ama.

**Meditação com cisnes:** Visualize-se em um lago tranquilo, onde um cisne branco nada ao seu redor, guiando-o para a compreensão do amor e da alma.

### *Correspondências mágicas de Aengus Mac Óg*

**Cores:** Rosa, dourado, azul celeste

**Elementos:** Ar e Água

**Símbolos:** Coração, harpa, cisne, pássaros cantores

**Ervas:** Rosa, camomila, verbena, jasmim

**Cristais:** Quartzo rosa, ametista, turmalina rosa, opala

**Animais sagrados:** Cisne, rouxinol, borboleta

**Festas e celebrações:** Beltane (amor, paixão e união espiritual), Litha (luz e iluminação), Ostara (a beleza das flores da primavera)

### *A sabedoria de Aengus Mac Óg*

Aengus nos ensina que o amor é uma força eterna, capaz de atravessar barreiras e transformar vidas. Ele representa a busca pelo que é verdadeiro e profundo, guiando aqueles que estão prontos para encontrar seu destino amoroso. Seu símbolo, o cisne, nos lembra de que a alma sempre reconhece aquilo que lhe pertence e que as conexões verdadeiras nunca se perdem no tempo.

Ao nos conectarmos com Aengus, aprendemos a enxergar a beleza na vida, a seguir nossos corações com coragem e a permitir que a magia do amor nos transforme. Ele é o deus que sussurra promessas ao vento, desperta emoções profundas e nos ensina que, no final, tudo o que buscamos já habita dentro de nós.

### Oração a Aengus para atrair o amor e os sonhos verdadeiros

*Aengus, Senhor do Amor e da Juventude,*
*Que teu canto ecoe nos ventos suaves,*
*Que teus pássaros sussurrem promessas ao meu coração,*
*E que a doçura do amor envolva minha alma.*

*Mestre dos Sonhos e das Visões,*
*Revela-me os segredos do meu destino,*
*Guia-me pelos caminhos da beleza e da poesia,*
*E permite que minha voz ressoe com verdade e encanto.*

*Que tua luz traga inspiração aos meus dias,*
*Que tua presença desperte meu coração para o amor verdadeiro,*
*E que, sob tua bênção, eu viva com paixão e plenitude.*
*Que assim seja e que assim se faça!*

## Green Man: O Espírito Vivo da Natureza

O Green Man é uma das figuras mais enigmáticas e antigas do mundo espiritual. Ele não é necessariamente um deus, mas um arquétipo, um espírito místico que personifica a própria essência da natureza e o ciclo eterno da vida. Sua presença pode ser encontrada em culturas ao redor do mundo, de antigos templos celtas e germânicos às catedrais medievais, onde sua imagem está esculpida em pedra, observando silenciosamente a passagem dos séculos.

O Green Man representa a força vital das florestas, o sopro da terra, o crescimento das árvores e o renascimento da vida a cada primavera. Ele é o guardião das folhas, o senhor das raízes e o sussurro do vento entre os galhos. Sua energia está presente em cada folha que brota, em cada rio que corre e em cada semente que desperta. Seu rosto, muitas

vezes entrelaçado com ramos e vinhas, simboliza a conexão entre o humano e o selvagem, nos lembrando de que fazemos parte da grande teia da vida.

Desde criança, sempre senti uma conexão profunda com o Green Man. Sua presença se manifesta nas florestas, nos momentos de silêncio entre as árvores, no cheiro da terra molhada e na sensação de pertencimento ao mundo natural. Ele não fala com palavras, mas com o farfalhar das folhas e o ritmo da vida pulsante ao nosso redor. Estar em sintonia com ele é sentir a energia da terra fluindo através de nós, como se fôssemos parte de um grande organismo vivo, pulsante e sábio.

### *O ciclo da vida do Green Man*

O Green Man nos ensina sobre o ciclo eterno da existência – o nascimento, a morte e o renascimento. Ele nos lembra que tudo na natureza segue um fluxo e que a mudança é inevitável. Assim como as folhas caem no outono para dar lugar a novas no verão seguinte, nós também passamos por fases de transformação. Sua lição é de aceitação, crescimento e renovação constante.

A conexão com o Green Man traz cura, tanto física quanto espiritual. Ele nos ensina a escutar a terra, a compreender os sinais da natureza e a encontrar equilíbrio em meio ao caos do mundo moderno. Seus ensinamentos são sutis, mas profundos. Ele nos lembra de que a cura está na simplicidade: no toque da grama nos pés descalços, no abraço de uma árvore, no som da chuva e na respiração da floresta.

### *Conexão com o Green Man*

Para se conectar com o Green Man, é necessário se abrir para a energia da terra e permitir que a natureza ensine seus segredos. Sua presença pode ser sentida em bosques antigos, em jardins vibrantes e até mesmo no crescimento de uma planta dentro de casa. Ele é um guia para aqueles que buscam harmonia com o mundo natural e desejam curar corpo, mente e espírito por meio dessa conexão sagrada.

### *Práticas para se conectar com o Green Man*

**Caminhada na natureza:** Passe um tempo entre as árvores, observando os detalhes das folhas e sentindo a energia ao seu redor.

**Meditação ao ar livre:** Sente-se sob uma árvore e respire profundamente, sentindo-se parte da terra.

**Cultivo de plantas:** Cuide de um jardim ou plante uma árvore, fortalecendo o vínculo com a energia verde.

**Oferendas à natureza:** Deixe sementes, frutas ou flores como uma forma de agradecimento ao espírito da floresta.

**Artesanato natural:** Crie objetos de madeira, folhas ou pedras, conectando-se com a energia dos materiais naturais.

### *Correspondências mágicas do Green Man*

**Cores:** Verde, marrom, dourado

**Elementos:** Terra e Ar

**Símbolos:** Folhas, árvores, raízes, hera, carvalho

**Ervas:** Alecrim, hortelã, sálvia, louro

**Cristais:** Jade, crisocola, aventurina, esmeralda, olho de tigre

**Animais sagrados:** Cervo, javali, coruja, lobo

**Festas e celebrações:** Todos os festivais

### A sabedoria do Green Man

O Green Man nos ensina que a vida está sempre em movimento e que cada estação tem seu propósito. Ele nos lembra de que, mesmo nos períodos de dormência, a vida continua sob a superfície, se preparando para florescer novamente. Sua força é silenciosa, mas poderosa – ele nos ensina a confiar no ritmo da natureza e a nos reconectar com a terra para encontrar equilíbrio e cura.

Ao trabalharmos com sua energia, aprendemos a respeitar o fluxo natural da vida, a encontrar força nas nossas raízes e a florescer no nosso próprio tempo. Ele nos ensina que não estamos separados da natureza – somos parte dela, assim como as árvores, os rios e os ventos.

### Oração ao Green Man para conexão e cura

*Green Man, Espírito da Terra Viva,*
*Guardião das folhas e das florestas antigas,*
*Que tua energia flua através de mim,*
*Renovando meu corpo, minha mente e minha alma.*

*Senhor do Crescimento e da Transformação,*
*Ensina-me a ouvir o sussurro das árvores,*
*A sentir a força das raízes sob meus pés,*
*E a compreender os ciclos da vida em cada estação.*

*Que tua cura verde envolva meu coração,*
*Que tua sabedoria guie meu espírito,*
*E que minha conexão com a natureza*
*Seja tão profunda quanto as raízes de um grande carvalho.*

*Green Man, desperta minha essência selvagem,*
*Permite-me florescer em meu próprio tempo,*
*E seguir o caminho da terra com equilíbrio e amor.*
*Que assim seja e que assim se faça!*

CAPÍTULO 4

# Os Festivais Celtas e a Roda do Ano

Os festivais celtas eram celebrações sagradas que marcavam os ciclos naturais da terra e a conexão desse povo com o divino. Por meio desses rituais, os celtas honravam os deuses, buscavam orientação espiritual e reforçavam os laços comunitários. Esses festivais estavam intimamente ligados às estações do ano e ao equilíbrio entre luz e escuridão.

A espiritualidade celta reconhecia oito festivais principais, conhecidos hoje como a Roda do Ano. Eles eram divididos entre os festivais solares, que marcavam solstícios e equinócios, e os festivais de fogo, que celebravam os ciclos agrícolas e espirituais.

## Os oito festivais da Roda do Ano

Muitos praticantes da bruxaria moderna seguem a Roda do Ano, um calendário que se baseia nesses antigos festivais celtas. No entanto, é importante destacar que os celtas originais não seguiam esse calendário de forma homogênea como vemos hoje. Cada tribo celta celebrava festivais diferentes, dependendo de sua localização geográfica, de seus costumes e das necessidades agrícolas. Alguns festivais eram mais comuns na Irlanda, enquanto outros tinham mais relevância entre os celtas da Gália ou da Bretanha.

Os rituais refletiam os ciclos agrícolas e espirituais, mantendo viva a conexão com a natureza e seus ciclos sagrados. Além disso, com a cristianização da Europa, vários desses festivais foram adaptados e incorporados em celebrações cristãs, mantendo sua essência sob uma nova roupagem. Cada um desses festivais possui uma versão correspondente no Hemisfério Norte e no Hemisfério Sul, ajustando-se ao ciclo das estações. Muitos praticantes da bruxaria moderna seguem a Roda do Ano, um calendário que se baseia nesses antigos festivais celtas.

## Samhain: O Festival dos Ancestrais e do Novo Ciclo

HEMISFÉRIO NORTE: 31 DE OUTUBRO E 1º DE NOVEMBRO

HEMISFÉRIO SUL: 30 DE ABRIL E 1º DE MAIO

O nome Samhain vem do gaélico e significa "fim do verão". Para os celtas, este era o festival mais importante do ano, marcando o encerramento do ciclo agrícola e o início de um novo ano espiritual. Samhain representa o tempo de transição entre a luz e a escuridão, quando o véu entre os mundos está mais fino, facilitando o contato com os ancestrais, os espíritos e as divindades do Outro Mundo.

Samhain era celebrado com rituais de proteção, banquetes e fogueiras sagradas, garantindo a purificação e a renovação da energia para o próximo ciclo. Era também um momento de introspecção, no qual se refletia sobre o que precisava ser deixado para trás antes de iniciar um novo caminho.

*O significado de Samhain*

1. **Fim do ciclo agrícola e início do inverno:** Samhain marcava o final da colheita e o início da estação fria. Os últimos frutos eram colhidos; os rebanhos, trazidos de volta; e os estoques de alimentos, preparados para o inverno.
2. **O véu entre os mundos se torna mais fino:** Os celtas acreditavam que, nesta noite, o véu entre o mundo físico e o espiritual se tornava mais fino, permitindo o contato com os ancestrais e os espíritos. Era um momento para honrar os mortos, buscar conselhos espirituais e fortalecer laços com os que já partiram.
3. **Renovação e reflexão:** Samhain era considerado o Ano Novo celta, um tempo de introspecção, despedida do passado e planejamento para o futuro. Assim como a terra entrava em repouso no inverno, esse período convidava ao recolhimento e à renovação interior.
4. **Fogueiras e proteção:** Grandes fogueiras eram acesas para afastar espíritos negativos e trazer luz para os dias escuros do inverno. As chamas simbolizavam a purificação e a proteção contra influências indesejadas.

### *Samhain e a transformação cristã*

Com a chegada do cristianismo, o festival de Samhain foi sincretizado em duas celebrações:

- 1º de novembro – Dia de Todos os Santos: homenagem aos santos e mártires da Igreja.
- 2 de novembro – Dia de Finados: dia de oração pelos mortos e pelos ancestrais.

A tradição popular de Samhain também evoluiu para o Halloween, celebrado em 31 de outubro, com suas práticas de máscaras, fantasias e lanternas feitas de abóboras (Jack O' Lanterns), que lembram os antigos rituais celtas de afastar espíritos indesejados.

### *Como celebrar Samhain*

Entre seus rituais e práticas, estão:

- **Acender velas para os ancestrais:** Colocar velas em janelas ou altares em honra aos que já partiram.
- **Criar um altar ancestral:** Com fotos, objetos e oferendas para homenagear aqueles que vieram antes.
- **Escrever intenções e queimá-las:** Escrever em um papel o que deseja deixar para trás e queimá-lo no fogo ou em uma vela como um ato simbólico de transformação.
- **Banquetes e oferendas para os mortos:** Preparar um prato especial e reservar um espaço para os espíritos dos entes queridos.
- **Rituais de proteção e purificação:** Defumar a casa com ervas, como alecrim e sálvia, para afastar energias negativas.
- **Meditação e introspecção:** Avaliar o que foi aprendido no último ciclo e planejar o futuro.

### *Ervas e elementos para Samhain*

**Ervas:** Sálvia, alecrim, artemísia, louro, absinto

**Cristais:** Ônix, obsidiana, ametista, quartzo fumê

**Cores:** Preto, laranja e roxo

**Símbolos:** Abóboras, caldeirões, velas, caveiras, corujas, corvos
**Alimentos típicos:** Maçãs, nozes, romãs, abóboras, vinho, pão caseiro, raízes como cenoura e batata

### *A importância espiritual de Samhain*

Samhain nos convida a olhar para dentro de nós mesmos, reconhecer nossas sombras, encerrar ciclos e nos preparar para renascermos mais fortes. Esse festival nos lembra que a morte não é um fim, mas parte do grande ciclo da vida, e que a sabedoria dos ancestrais continua viva dentro de nós.

## Yule: O Festival do Renascimento da Luz

HEMISFÉRIO NORTE: 20 A 23 DE DEZEMBRO
HEMISFÉRIO SUL: 20 A 23 DE JUNHO

O nome Yule tem origem nas tradições germânicas e nórdicas, mas festivais semelhantes eram celebrados pelos celtas e outros povos antigos para marcar o Solstício de Inverno, o dia mais curto do ano. Esse festival representa o renascimento da luz, pois, a partir desse momento, os dias começam a se alongar novamente, trazendo a esperança da renovação e da fertilidade futura.

Para os celtas, Yule simbolizava o triunfo da luz sobre a escuridão, a promessa do retorno do sol e o início de um novo ciclo. As fogueiras e velas acesas eram formas de honrar essa transição, aquecer os corações e celebrar a continuidade da vida, mesmo nos períodos mais frios e difíceis do ano.

### *O significado de Yule*

1. **Renascimento do sol:** Yule marca o momento em que o sol, que parecia enfraquecido, começa a recuperar sua força. Para os antigos povos pagãos, esse era um momento de esperança, renovação e proteção contra as dificuldades do inverno.
2. **O rei Carvalho e o rei Azevinho:** Na tradição celta, Yule era associado à batalha simbólica entre o rei Azevinho, que governa a escuridão do outono e inverno, e o rei Carvalho, que representa a

luz e o crescimento da primavera e do verão. Durante o solstício, o rei Carvalho derrotava o rei Azevinho, garantindo o retorno da luz e da fertilidade à terra.

3. **Conexão com a natureza e os ciclos da vida:** Os povos antigos viam essa época como um período de introspecção e transformação, um momento para refletir sobre os desafios enfrentados e as metas para o novo ciclo. Era também um tempo de honrar a natureza, trazendo para dentro de casa elementos como pinheiros, azevinho e visco, que simbolizavam a resistência e a continuidade da vida.

### *A transformação de Yule no Natal*

Com a cristianização da Europa, muitos elementos de Yule foram incorporados ao Natal, celebrado em 25 de dezembro. Entre as tradições que vieram do paganismo, destacam-se:

- A árvore de Natal, originada da prática de decorar pinheiros e azevinhos para celebrar a vida persistente durante o inverno.
- As guirlandas, que simbolizam o ciclo eterno da natureza.
- As velas e luzes, representando a renovação da luz e a proteção contra a escuridão.
- O banquete festivo, inspirado nas antigas celebrações de partilha e fartura em meio ao inverno.

*Como celebrar Yule*

Yule pode ser celebrado de diversas maneiras, mantendo vivas as tradições ancestrais e trazendo sua energia para o presente. Entre seus rituais e práticas, estão:

- **Acender velas e fogueiras:** O fogo representa o retorno do sol e a renovação da esperança. Velas douradas, vermelhas e brancas podem ser usadas para atrair prosperidade, amor e proteção.
- **Montar uma guirlanda ou decorar a casa com azevinho e pinheiro:** Esses elementos naturais simbolizam a resistência da vida e a conexão com a terra.
- **Criar um altar de Yule:** Pode conter velas, cristais solares (como pedra do sol, pirita, calcita amarela, calcita laranja e olho de tigre), ramos de pinheiro e símbolos que representem o novo ciclo.
- **Fazer oferendas à natureza:** Deixar sementes, frutas ou grãos para os animais como um gesto de gratidão pelo equilíbrio da vida.
- **Escrever intenções para o novo ciclo:** Refletir sobre o ano que passou e definir novas metas, queimando um papel com antigos medos e limitações para simbolizar um recomeço.
- **Tomar um banho ritual com ervas:** Alecrim, camomila e canela podem ser usados para atrair prosperidade e energizar o corpo.
- **Compartilhar uma refeição especial:** Preparar um banquete e compartilhar alimentos tradicionais, como nozes, maçãs, pães e especiarias, reforçam o espírito de união e gratidão.

*Elementos e correspondências de Yule*

**Cores:** Verde, vermelho, dourado, branco

**Elemento:** Água

**Símbolos:** Neve, pinheiro, azevinho, guirlandas, tochas, espirais

**Ervas:** Azevinho, carvalho, louro, camomila, visco, pinho

**Cristais:** Quartzo transparente, selenita, quartzo azul, ametista, labradorita, obsidiana nevada, água-marinha

**Animais sagrados:** Cervo, urso, coruja, lobo

**Alimentos típicos:** Nozes, maçãs, romãs, pão caseiro, vinho quente, especiarias

*O significado espiritual de Yule*

Yule nos ensina que, mesmo no período mais escuro, a luz sempre retorna. É um momento de esperança, fé e renovação, no qual devemos refletir sobre o que desejamos deixar para trás e o que queremos atrair para o novo ciclo.

Assim como o sol renasce no horizonte, Yule nos convida a encontrar nossa própria luz interior, abrindo mão do que não nos serve mais e nos preparando para um período de crescimento e transformação.

## Imbolc: O Festival da Purificação e da Luz

**Hemisfério Norte:** 1º de fevereiro

**Hemisfério Sul:** 1º de agosto

O nome Imbolc vem do gaélico e significa "no ventre", simbolizando o despertar da terra e o renascimento da luz após o inverno. Esse festival marcava a transição entre o frio rigoroso e o início do degelo, preparando o solo para a fertilidade da primavera. Ele representava a purificação, a renovação e a esperança de novos começos.

Imbolc era especialmente dedicado à deusa Brigid, Senhora do Fogo Sagrado, da Poesia, da Cura e da Inspiração. Durante essa celebração, rituais de purificação eram realizados para remover as energias do inverno e trazer bênçãos para o novo ciclo.

### *O significado de Imbolc*

1. **O despertar da terra e o retorno da luz:** No calendário agrícola celta, Imbolc marcava o momento em que as primeiras sementes começavam a germinar e os animais retornavam à fertilidade. Era um festival de transição, no qual se percebiam os primeiros sinais da primavera.
2. **Honrando Brigid, a Guardiã do Fogo Sagrado:** Brigid era uma das deusas mais veneradas pelos celtas, sendo associada à chama da criatividade, ao dom da cura e à proteção do lar. Em Imbolc, fogueiras e velas eram acesas em sua honra, simbolizando a renovação espiritual e a inspiração para o ano que se iniciava.
3. **Purificação e preparação para o novo ciclo:** Esse período era visto como um momento de limpeza e renovação, tanto física quanto espiritual. A tradição incluía purificar os lares, os campos e o próprio corpo, preparando-se para os desafios e oportunidades da primavera.

### *Imbolc e sua transformação cristã*

Com a cristianização, Imbolc foi associado à celebração de Nossa Senhora da Candelária (2 de fevereiro), um festival dedicado à luz e à purificação. Além disso, essa data também se tornou o dia da Apresentação de Cristo no Templo, reforçando sua ligação com o simbolismo da renovação e da iluminação espiritual.

Muitas tradições de Brigid foram incorporadas à figura de Santa Brígida da Irlanda, considerada uma das santas mais importantes do cristianismo celta. Assim, os rituais de Imbolc continuaram a ser celebrados, ainda que sob uma nova roupagem religiosa.

### *Como celebrar Imbolc*

Imbolc pode ser celebrado de diversas formas, honrando a luz, a purificação e os novos começos. Entre seus rituais e práticas, estão:

- **Acender velas em homenagem a Brigid**: O fogo simboliza a renovação da energia e a inspiração para novos projetos.

- **Realizar rituais de purificação:** Queimar ervas como sálvia, alecrim e lavanda para limpar o ambiente e a aura pessoal.
- **Criar um altar para Brigid:** Decorado com velas, flores brancas e símbolos do fogo e da fertilidade.
- **Preparar alimentos simbólicos:** Leite, pães e cereais eram tradicionalmente consumidos em Imbolc para celebrar a fertilidade da terra.
- **Fazer bênçãos e rituais de proteção para o lar:** Passar fogo ou água sagrada ao redor da casa para garantir harmonia e proteção.
- **Tomar banhos mágicos:** Usar ervas purificadoras para renovar a energia pessoal.
- **Plantar sementes ou cuidar de plantas:** Representando a preparação para o crescimento que virá com a primavera.

### *Elementos e correspondências de Imbolc*

**Cores:** Branco, vermelho e verde

**Elementos:** Fogo e Água

**Símbolos:** Velas, fogo, leite, espirais, sementes

**Ervas:** Alecrim, lavanda, camomila, sálvia

**Cristais:** Ametista, quartzo branco, citrino

**Animais sagrados:** Ovelhas, cisnes, serpentes

**Alimentos típicos:** Leite, queijo, pão caseiro, mel, ervas frescas

### *A sabedoria de Imbolc*

Imbolc nos lembra que a luz sempre retorna, mesmo após os períodos mais escuros. Este festival nos convida a deixar para trás o que já não nos serve, limpar o caminho e nos preparar para um novo ciclo de crescimento. Assim como a terra desperta do inverno, nós também podemos renovar nossas energias e encontrar inspiração para seguir em frente.

## Ostara: O Festival do Equilíbrio e da Renovação

**Hemisfério Norte:** 20 a 23 de março

**Hemisfério Sul:** 20 a 23 de setembro

Ostara é o festival que celebra o Equinócio de Primavera, um momento de equilíbrio perfeito entre luz e escuridão. A partir desse ponto, os dias começam a se tornar mais longos, marcando o renascimento da natureza e o crescimento da fertilidade da terra.

O nome Ostara tem origem na deusa germânica Eostre, divindade associada ao renascimento, à fertilidade e ao despertar da vida após o inverno. Este festival simboliza novos começos, expansão e harmonia, sendo um período de renovação tanto na natureza quanto no espírito humano.

Os antigos povos pagãos viam Ostara como um momento de celebração da vida em todas as suas formas, pois a terra voltava a florescer após os meses frios e estéreis do inverno. Esse era o momento de plantar sementes, física e espiritualmente, para que prosperassem ao longo do ano.

### *O significado de Ostara*

1. **O equilíbrio entre luz e escuridão:** O Equinócio de Primavera marca um momento único no ano, quando o dia e a noite têm a mesma duração, simbolizando harmonia e equilíbrio. Esse festival convida à reflexão sobre o próprio equilíbrio interno, buscando alinhar a energia entre ação e introspecção, luz e sombra, planejamento e execução.
2. **A fertilidade e o renascimento da vida:** Assim como os campos começam a florescer, Ostara traz consigo a energia da renovação e da fertilidade. Esse é um período propício para iniciar novos projetos, fortalecer a criatividade e se abrir para novas oportunidades.
3. **O simbolismo dos ovos e coelhos:** Os ovos representam o potencial de vida e o renascimento, enquanto os coelhos, por sua grande capacidade reprodutiva, são símbolos da fertilidade. Esses elementos foram posteriormente incorporados à Páscoa cristã, mantendo sua relação com a renovação e a abundância.

### *Ostara e a adaptação cristã*

Com a cristianização da Europa, muitas tradições pagãs foram incorporadas à Páscoa. O próprio nome inglês "Easter" tem ligação com a deusa Eostre. Os ovos coloridos, originalmente um símbolo pagão da fertilidade e do nascimento, foram adaptados para representar a ressurreição de Cristo.

Os coelhos, também associados à fertilidade e à renovação, se tornaram símbolos populares da Páscoa moderna, mas suas raízes remontam aos antigos rituais da primavera.

### *Como celebrar Ostara*

Ostara pode ser celebrado de diversas formas, trazendo a energia da fertilidade, da renovação e do equilíbrio para a vida cotidiana. Entre seus rituais e práticas, estão:

- **Pintar ovos como símbolo de fertilidade e novos começos:** Essa prática ancestral simboliza a renovação da vida e pode ser feita com cores que representem intenções específicas para o novo ciclo.
- **Passeios na natureza para absorver a energia da renovação:** Apreciar o florescer das árvores e a volta da vida animal é uma maneira de se conectar com as energias do equinócio.
- **Plantar sementes ou flores como um ato de conexão com a terra:** Simboliza a preparação para o crescimento e a prosperidade ao longo do ano.
- **Criar um altar de Ostara:** Decorado com ovos, flores, sementes e velas verdes, representando o crescimento e a renovação.
- **Ritual de gratidão pelo retorno da vida:** Escrever em um papel o que deseja cultivar no novo ciclo e enterrá-lo junto com sementes, simbolizando a manifestação desses desejos.
- **Banhos energéticos com ervas e flores:** Utilizar camomila, lavanda ou alecrim para purificação e renovação.

### *Elementos e correspondências de Ostara*

**Cores:** Verde, amarelo, rosa, azul-claro e branco

**Elemento:** Ar

**Símbolos:** Ovos, coelhos, flores, sementes, borboletas

**Ervas:** Alecrim, lavanda, camomila, hortelã, lírio

**Cristais:** Quartzo verde, ametista, citrino, ágata musgo

**Animais sagrados:** Coelhos, cordeiros, borboletas, aves migratórias

**Alimentos típicos:** Ovos, mel, frutas frescas, pães integrais, chás de ervas

### *A sabedoria de Ostara*

Ostara nos lembra que todo fim traz um novo começo. Assim como a terra desperta após meses de frio, nós também podemos renovar nossas energias, buscar equilíbrio e nos abrir para novas possibilidades. Esse festival nos convida a celebrar a abundância da vida, semear novos projetos e honrar a beleza dos ciclos naturais.

## Beltane: O Festival do Fogo e da Fertilidade

Hemisfério Norte: 1º de maio

Hemisfério Sul: 31 de outubro e 1º de novembro

O nome Beltane vem do gaélico e significa "fogo de Bel", em referência ao deus celta Belenus, uma divindade solar associada à cura, à fertilidade e ao renascimento. Esse festival marcava o ponto médio entre o Equinócio de Primavera e o Solstício de Verão, sendo celebrado com fogueiras sagradas, danças e rituais de fertilidade.

Beltane representava o auge da primavera e o despertar da terra para o verão, um momento em que a natureza florescia em sua plenitude e a energia vital estava no seu ápice. Era um período de celebração da vida, da paixão e da união sagrada entre forças complementares, como o sol e a terra, o masculino e o feminino, a ação e a criação.

### *O significado de Beltane*

1. **Festival do fogo e da purificação:** As fogueiras de Beltane eram acesas para simbolizar a força do sol e a purificação da terra e das pessoas. O fogo era visto como um elemento sagrado que trazia proteção, vitalidade e renovação. Casais e viajantes pulavam sobre as chamas como um ritual para garantir prosperidade, amor e saúde ao longo do ano.
2. **A fertilidade da terra e dos relacionamentos:** Beltane era um período de fertilidade e abundância, tanto na terra quanto na vida das pessoas. Os celtas acreditavam que esse era um momento propício para abençoar plantações, casamentos e projetos. Era uma época em que os casais podiam reafirmar seus laços e celebrar a energia do desejo, do amor e da criação.
3. **A união do deus e da deusa:** Na espiritualidade celta, Beltane simbolizava a união entre o deus e a deusa, representando a harmonia entre as energias masculina e feminina na natureza. Essa união era vista como um ato sagrado de equilíbrio e renovação, garantindo a continuidade da vida.

### *O Maypole: A dança da fertilidade*

Um dos símbolos mais marcantes de Beltane é o Maypole, ou Mastro de Maio, uma tradição que ainda é preservada em algumas regiões da Europa. O Maypole consiste em um mastro de madeira decorado com fitas coloridas, ao redor do qual as pessoas dançam trançando as fitas, criando um padrão simbólico de união e fertilidade.

Esse ritual simboliza a união das forças da vida, a conexão entre o céu e a terra e a energia coletiva para trazer crescimento, harmonia e alegria. Cada cor de fita representa uma intenção, como prosperidade, amor, criatividade e saúde.

### *Handfasting: A união sagrada em Beltane*

Outro ritual tradicional de Beltane é o *handfasting*, uma antiga cerimônia celta de união entre casais. Ao contrário dos casamentos modernos, o *handfasting* era uma união baseada no compromisso espiritual e no respeito mútuo, podendo durar um ano e um dia, uma vida inteira ou até enquanto o casal desejasse.

Durante a cerimônia, as mãos dos noivos eram amarradas com fitas ou cordões, representando a ligação entre suas almas. Esse rito simbolizava o compromisso, a parceria e a bênção da natureza sobre a união. Muitos casais modernos adotam o *handfasting* em casamentos pagãos e cerimônias espirituais.

### *Beltane e suas transformações cristãs*

Com a chegada do cristianismo, algumas tradições de Beltane foram incorporadas ao Dia de Santa Walburga (1º de maio), uma santa associada à fertilidade e proteção. Além disso, a data foi vinculada ao Dia do Trabalhador, reforçando sua conexão com o ciclo da terra e a prosperidade.

### *Como celebrar Beltane*

Beltane pode ser celebrado de diversas formas, sempre com a intenção de honrar a vida, a fertilidade e a alegria do renascimento. Entre seus rituais e práticas, estão:

- **Acender fogueiras:** Simboliza a proteção, a purificação e a renovação. É possível realizar esse ritual acendendo velas vermelhas e laranjas, caso não seja viável fazer uma fogueira.
- **Dançar ao redor do Maypole:** Esse ritual pode ser feito com um mastro improvisado ou simplesmente dançando ao som de músicas alegres, visualizando a energia da renovação e da união.
- **Criar guirlandas de flores:** Representa a fertilidade, a beleza e a conexão com a natureza. Elas podem ser usadas na cabeça ou penduradas como decoração.
- **Fazer rituais de amor e prosperidade:** Beltane é um ótimo momento para realizar feitiços e rituais que tragam abundância, paixão e crescimento.
- **Praticar o handfasting:** Para casais que desejam celebrar sua união, esse é um momento ideal para realizar um compromisso espiritual e simbólico.
- **Banhos de ervas e flores:** Usar ervas como alecrim, rosas, lavanda e hortelã para atrair energia positiva e renovação.

### *Elementos e correspondências de Beltane*

**Cores:** Vermelho, verde, rosa e branco

**Elementos:** Fogo e Terra

**Símbolos:** Fogueira, Maypole, flores, fitas coloridas, chamas

**Ervas:** Alecrim, lavanda, rosas, hortelã, canela

**Cristais:** Quartzo rosa, granada, cornalina, âmbar

**Animais sagrados:** Coelho, abelha, vaca, cavalo

**Alimentos típicos:** Morango, mel, pão caseiro, vinho, frutas vermelhas

### *A sabedoria de Beltane*

Beltane nos ensina a celebrar a alegria, o amor e a energia vital da natureza. É um momento para honrar os ciclos da vida, permitir-se sentir paixão e inspiração e fortalecer os laços com aqueles que amamos. Esse festival nos convida a acender a chama interior, nos libertar de velhas amarras e mergulhar no fluxo natural da criação e da fertilidade.

## Litha: O Festival do Sol e da Abundância

HEMISFÉRIO NORTE: 20 A 23 DE JUNHO

HEMISFÉRIO SUL: 20 A 23 DE DEZEMBRO

Litha é o festival que celebra o Solstício de Verão, o momento do ano em que o sol está em seu ponto mais alto, irradiando força, calor e energia vital. Também conhecido como Meio do Verão, este festival marca o auge da luz e da fertilidade da terra, sendo um período de expansão, crescimento e celebração da abundância.

Para os antigos celtas e outros povos pagãos, o sol era uma força sagrada, e Litha surgia como uma época para agradecer suas bênçãos, renovar energias e reforçar a proteção espiritual e física.

### *O significado de Litha*

1. **O ponto máximo da luz e o início da descida:** Litha representa a plenitude da luz e da energia solar, mas também marca o começo de seu declínio, pois, a partir desse ponto, os dias começarão a ficar mais curtos. Esse ciclo nos ensina sobre a importância do equilíbrio entre expansão e recolhimento, ação e introspecção.
2. **A força do fogo e do sol:** O fogo era um elemento central nos rituais de Litha, representando o poder do sol, a purificação e a

transformação. As fogueiras acesas protegiam contra energias negativas e espíritos indesejados, enquanto danças e festividades reforçavam a conexão com a vitalidade da natureza.

3. **A magia das fadas e dos espíritos da natureza:** Acreditava-se que, durante Litha, as fadas, os duendes e os espíritos da natureza estavam mais ativos e próximos do mundo humano. Essa era uma época de grande encantamento, quando portais entre os mundos se abriam e se podia sentir mais intensamente a presença desses seres mágicos.
4. **A união do deus e da deusa:** Na espiritualidade celta, o Solstício de Verão representa o auge do poder do deus Sol, que atinge sua força máxima. A deusa, em seu aspecto de Mãe, carrega dentro de si a semente da colheita futura, demonstrando o equilíbrio entre luz e escuridão, ação e gestação.

### *Litha e a transformação cristã*

Com a cristianização da Europa, muitas tradições pagãs de Litha foram incorporadas às festividades de São João Batista (24 de junho), que incluem fogueiras, danças e rituais de purificação com fogo e água. Essa adaptação manteve o simbolismo do festival original, honrando a energia de renovação e proteção.

*Como celebrar Litha*

Litha pode ser celebrado de diversas formas, sempre com a intenção de honrar a luz, fortalecer projetos e renovar a energia pessoal. Entre seus rituais e práticas, estão:

- **Acender fogueiras e velas para honrar o sol:** Caso não seja possível acender uma fogueira, velas amarelas, douradas e laranjas podem ser utilizadas para representar a energia solar.
- **Criar amuletos de proteção e força:** Amuletos solares, feitos com ervas e cristais, podem ser preparados para trazer vitalidade e proteção ao longo do ano.
- **Realizar banhos de ervas para energização:** Usar ervas como alecrim, camomila e lavanda em banhos pode fortalecer o campo energético e revitalizar o espírito.
- **Fazer oferendas à natureza:** Oferecer frutas, flores e grãos como forma de gratidão à terra pela abundância que ela proporciona.
- **Meditar ao nascer ou pôr do sol:** Conectar-se com a energia solar por meio da contemplação e da gratidão pela vida.
- **Trabalhar com os espíritos da natureza:** Deixar pequenas oferendas para fadas e elementais, reconhecendo sua presença e celebrando sua conexão com a terra.

*Elementos e correspondências de Litha*

**Cores:** Dourado, amarelo, laranja, vermelho

**Elemento:** Fogo

**Símbolos:** Fogueiras, espirais, cevada, símbolos solares

**Ervas:** Alecrim, camomila, calêndula, girassol, hortelã

**Cristais:** Citrino, olho de tigre, âmbar, pirita

**Animais sagrados:** Leão, falcão, cavalo, cervo

**Alimentos típicos:** Frutas frescas, mel, pão caseiro, chás de ervas solares

### *A sabedoria de Litha*

Litha nos ensina que há um tempo para brilhar e um tempo para recuar, e que todo ciclo traz consigo momentos de plenitude e transformação. Esse festival nos convida a agradecer pela abundância, fortalecer nossas intenções e nos preparar para a segunda metade do ano com confiança e clareza.

## Lughnasadh: O Festival da Colheita e da Gratidão

HEMISFÉRIO NORTE: 1º DE AGOSTO

HEMISFÉRIO SUL: 1º DE FEVEREIRO

Lughnasadh, também conhecido como Lammas, é o festival que marca a primeira colheita do ano, um momento de fartura, agradecimento e celebração. O nome Lughnasadh significa "Assembleia de Lugh", sendo dedicado ao deus Lugh, uma divindade solar e guerreira associada às colheitas, à habilidade artesanal e à soberania.

Este festival representava o período em que os primeiros grãos eram colhidos e transformados em pão, um alimento essencial para a sobrevivência das comunidades agrícolas. Como um ciclo natural, Lughnasadh também lembrava que a terra precisa ser respeitada e que o esforço e o trabalho árduo trazem recompensas.

### *O significado de Lughnasadh*

1. **A primeira colheita e a gratidão pela fartura:** Lughnasadh simboliza o momento de agradecer à terra por seus frutos e reconhecer o trabalho investido durante os meses anteriores. Este festival traz a energia da prosperidade, do merecimento e do ciclo da abundância, reforçando a importância de compartilhar e honrar as dádivas recebidas.
2. **O sacrifício e a Roda do Ano:** Na visão celta, para algo novo nascer, algo deve morrer. Assim como as colheitas são cortadas para alimentar o povo, o deus Lugh também simboliza o sacrifício do ciclo natural. Sua força está na renovação: ele entrega seus dons para a humanidade, garantindo que a vida continue.

3. **A importância do trabalho e da comunidade:** Lughnasadh era um período de reuniões, festivais e competições, em que as comunidades se reuniam para celebrar suas conquistas e honrar o esforço coletivo. Era um momento de troca, aprendizado e fortalecimento dos laços sociais, simbolizando que ninguém colhe sozinho.

***Lughnasadh e suas transformações cristãs***

Com a cristianização da Europa, Lughnasadh foi associado a algumas celebrações cristãs, como:

- A Festa da Assunção de Maria (15 de agosto): Uma data que honra a colheita espiritual e a conexão com o sagrado feminino.
- A Bênção dos Pães: Ritual em que os pães, feitos com os primeiros grãos da colheita, eram levados às igrejas para serem abençoados e compartilhados.

Essas tradições mantiveram o simbolismo original do festival, reforçando a ideia de agradecimento, fartura e renovação.

### *Como celebrar Lughnasadh*

O Festival de Lughnasadh pode ser celebrado de diversas maneiras, sempre com a intenção de honrar a colheita, compartilhar a fartura e reconhecer o trabalho investido ao longo do ciclo. Entre seus rituais e práticas, estão:

- **Preparar pães e compartilhar com amigos e familiares:** O pão simboliza o sustento da vida e a transformação dos frutos da terra em alimento sagrado.
- **Fazer oferendas de grãos e frutas:** Oferecer os primeiros frutos colhidos à terra ou aos deuses como forma de agradecimento pela abundância.
- **Realizar rituais de prosperidade e gratidão:** Acender velas douradas, escrever agradecimentos e enterrar sementes para representar a continuidade do ciclo.
- **Criar um altar de Lughnasadh:** Decorado com espigas de trigo, girassóis, velas e símbolos da colheita.
- **Cozinhar pratos típicos:** Utilizar ingredientes como grãos, cereais, milho, mel e frutas para honrar a energia da fertilidade.
- **Meditar sobre o que foi colhido e o que ainda precisa ser cultivado:** Reflexões sobre conquistas e próximos objetivos são fundamentais nessa época do ano.

### *Elementos e correspondências de Lughnasadh*

**Cores:** Dourado, laranja, marrom, amarelo

**Elementos:** Terra e Fogo

**Símbolos:** Espigas de trigo, pão, milho, girassóis, sementes e grãos

**Ervas:** Alecrim, camomila, hortelã, louro, manjericão

**Cristais:** Citrino, âmbar, olho de tigre, cornalina, jaspe vermelho

**Animais sagrados:** Galo, boi, cavalo

**Alimentos típicos:** Pães caseiros, grãos, milho, frutas da estação, mel

### *A sabedoria de Lughnasadh*

Lughnasadh nos ensina que o que plantamos, um dia colheremos, e que o esforço e a dedicação sempre trazem frutos. Este festival nos lembra da importância da gratidão, do compartilhamento e da conexão com o ciclo da vida.

Assim como o sol começa a perder força após seu auge, Lughnasadh nos convida a refletir sobre o que já foi conquistado e o que ainda precisa ser transformado. Que essa celebração traga prosperidade, aprendizado e reconhecimento ao valor do trabalho e da comunidade.

## Mabon: O Festival do Equilíbrio e da Gratidão

Hemisfério Norte: 20 a 23 de setembro

Hemisfério Sul: 20 a 23 de março

Mabon é o festival que celebra o Equinócio de Outono, um momento de equilíbrio perfeito entre luz e escuridão. A partir desse ponto, os dias começam a ficar mais curtos e a noite passa a dominar gradualmente. Este festival marca a segunda colheita do ano, sendo um tempo de reflexão, gratidão e preparação para os meses mais frios.

O nome Mabon é uma designação moderna para este festival, inspirado no deus galês Mabon ap Modron, que simboliza o ciclo da vida, a colheita e o renascimento. Embora os celtas não utilizassem esse nome originalmente, eles celebravam o Equinócio de Outono como um período sagrado, voltado para o fechamento de ciclos e o agradecimento à terra.

Mabon também representa um tempo de introspecção, no qual se avalia o que foi conquistado ao longo do ano e se faz um balanço espiritual antes da chegada do inverno.

### *O significado de Mabon*

1. **Equilíbrio entre luz e escuridão:** O Equinócio de Outono simboliza o equilíbrio perfeito entre forças opostas. Assim como no Equinócio de Primavera (Ostara), dia e noite têm a mesma

duração. No entanto, em Mabon, a luz está se despedindo gradualmente, abrindo caminho para um período mais introspectivo e de recolhimento.

2. **A segunda colheita e a gratidão:** Mabon marca a segunda colheita do ano, quando os últimos grãos, frutas e vegetais são recolhidos. É um festival de abundância e generosidade, em que se reconhece a importância de compartilhar o que foi colhido, seja material ou simbolicamente.
3. **Preparação para o inverno e o fim de ciclos:** Este festival representa o momento de preparação para os meses mais frios, quando a natureza começará a entrar em repouso. É um período de planejamento, proteção e armazenamento, tanto no sentido físico (colheita e provisões) quanto no espiritual (resguardo de energias e reflexão sobre aprendizados).

### *Mabon e suas transformações cristãs*

Com a cristianização da Europa, muitas tradições de Mabon foram assimiladas por celebrações cristãs, como:

- Dia de São Miguel Arcanjo (29 de setembro): Arcanjo que representa proteção e equilíbrio, refletindo simbolicamente as energias do Equinócio de Outono.
- Dia de Ação de Graças: Embora celebrado em diferentes datas em países como os Estados Unidos e o Canadá, essa festividade mantém o espírito original de Mabon, focado em gratidão, partilha e celebração da colheita.

Essas adaptações demonstram como os povos antigos já valorizavam o ciclo das colheitas e a importância de agradecer pelo que a terra provê.

### *Como celebrar Mabon*

Mabon pode ser celebrado de diversas maneiras, sempre com a intenção de honrar o equilíbrio da natureza, agradecer pela abundância e se preparar para o inverno. Entre seus rituais e práticas, estão:

- **Decorar o altar com folhas secas, frutas e velas:** Os tons de vermelho, laranja, dourado e marrom refletem as cores do outono e a energia da transição.
- **Fazer rituais de gratidão e introspecção:** Escrever em um papel tudo pelo que é grato e queimar como forma de selar esse reconhecimento.
- **Criar amuletos para proteção durante o inverno:** Usar cristais e ervas de Mabon para fazer talismãs que tragam força e equilíbrio nos meses mais frios.
- **Colher maçãs e preparar alimentos sazonais:** As maçãs são um símbolo tradicional de Mabon, representando sabedoria, renovação e conexão com a terra.
- **Fazer oferendas à natureza:** Deixar frutas, grãos ou bebidas como agradecimento às divindades e aos espíritos da terra.
- **Refletir sobre o ano que passou e os objetivos futuros:** Esse é um momento ideal para encerrar ciclos e planejar novos caminhos, reconhecendo os aprendizados conquistados.

### *Elementos e correspondências de Mabon*

**Cores:** Vermelho, laranja, dourado e marrom

**Elemento:** Terra

**Símbolos:** Folhas secas, colheita, cestas de frutas, maçãs, espirais, chifres da abundância

**Ervas:** Sálvia, canela, camomila, louro

**Cristais:** Quartzo fumê, âmbar, jaspe vermelho, olho de tigre, jaspe amarelo

**Animais sagrados:** Coruja, cervo, urso, raposa

**Alimentos típicos:** Maçãs, nozes, castanhas, vinho, pães, milho, abóbora

### *A sabedoria de Mabon*

Mabon nos ensina a honrar o equilíbrio da vida e agradecer pelo que já foi conquistado. Este festival nos lembra de que tudo tem um ciclo e de que cada fase da vida conta com sua importância, seja o tempo da colheita ou o tempo do recolhimento. Este Mabon nos convida a aceitar a transição entre luz e escuridão, nos preparando para a jornada interior que se aproxima com o inverno.

Os festivais celtas eram mais do que simples celebrações; eram formas de conexão com a natureza e com os deuses. Cada um desses rituais reforçava o entendimento sobre os ciclos da vida e a importância de viver em harmonia com a terra.

CAPÍTULO 5

# O Ogham e a Linguagem das Árvores

O Ogham é um antigo sistema de escrita celta utilizado pelos druidas e considerado uma forma de linguagem sagrada. Sua origem é atribuída aos povos celtas da Irlanda e da Grã-Bretanha, sendo encontrado em pedras gravadas que datam do século IV d.C.

Acredita-se que o Ogham tenha sido criado para uso ritualístico, mágico e divinatório, funcionando como um oráculo ligado às árvores sagradas dos celtas. Cada símbolo do Ogham está associado a uma árvore específica, refletindo as crenças animistas dos celtas sobre a energia espiritual das florestas.

## A estrutura do Ogham

O alfabeto Ogham é composto por vinte símbolos, conhecidos como "*feda*" (no plural, "*fedae*") organizados em quatro grupos chamados "*aicme*", que representam diferentes energias e estágios de vida. Cada símbolo refere-se não apenas a uma letra, mas também a um significado espiritual e mágico, representando diferentes energias e estágios da vida.

Os *fedae* eram tradicionalmente entalhados em pedras, madeiras e bastões rituais, sendo usados para registrar informações importantes e para práticas divinatórias.

## O Ogham e a conexão com as árvores

Os celtas acreditavam que as árvores eram seres espirituais poderosos, guardiões de sabedoria e protetores do conhecimento ancestral. Cada árvore simbolizava um aspecto da vida, como força, renovação, proteção e cura. Os vinte símbolos do sistema Ogham estavam associados às árvores sagradas e a seus significados espirituais, como veremos a seguir.

### Beith (Bétula) - Renovação, Purificação e Novos Começos

A bétula, conhecida como Beith no alfabeto Ogham, é a árvore do renascimento, da purificação e dos novos começos. Como uma das primeiras árvores a brotar após o rigoroso inverno, ela representa a chegada da luz, a renovação da vida e a abertura de novos caminhos. Os celtas a consideravam sagrada, pois sua resistência e seu crescimento rápido retratavam a força necessária para deixar o passado para trás e iniciar um novo ciclo com clareza e leveza. Muitas vezes, a bétula era encontrada no início das estradas que levavam aos bosques, marcando simbolicamente o começo de uma nova jornada, tanto física quanto espiritual.

Além de ser um símbolo de renovação, a bétula era usada em rituais de limpeza e proteção, afastando influências negativas e dissolvendo energias estagnadas. Seus ramos eram utilizados para varrer simbolicamente impurezas (físicas e espirituais), abrindo espaço para novas oportunidades e bênçãos. Na tradição celta, muitas vezes, amuletos de bétula eram carregados para trazer coragem diante de mudanças e fortalecer a conexão com o plano espiritual. Seu tronco branco e brilhante era visto como uma luz orientadora, guiando aqueles que buscavam clareza e proteção ao iniciar novos caminhos.

Assim como a bétula renasce forte a cada primavera, ela nos ensina a aceitar as transformações e confiar no fluxo da vida. Sua presença nas entradas das florestas nos lembra de que cada passo rumo ao desconhecido é uma oportunidade de crescimento e aprendizado. Seja em momentos de transição, recomeços ou purificação, esta árvore nos ensina que sempre há espaço para um novo começo, desde que estejamos dispostos a abandonar o passado e acolher o novo com o coração aberto.

***Finalidades mágicas***

- Purificação espiritual e emocional.
- Início de novos ciclos e projetos.
- Proteção contra energias negativas e maus espíritos.
- Estímulo à criatividade e inspiração para novos caminhos.

## Luis (Sorveira) - Proteção Espiritual e Intuição

A sorveira, conhecida como Luis no alfabeto Ogham, é uma árvore profundamente ligada à proteção, intuição e visão espiritual. Seus frutos vermelhos vibrantes, muitas vezes dispostos em forma de estrela de cinco pontas, eram considerados amuletos poderosos contra o mal e símbolos da luz que dissipa as trevas. Os druidas a reverenciavam como uma árvore mágica, acreditando que sua presença fortalecia a conexão com o mundo espiritual e guiava aqueles que buscavam clareza em suas jornadas místicas.

Além de sua forte associação com a proteção, a sorveira é um símbolo do fogo sagrado e da iluminação interior. Seu nome celta, Luis, está ligado ao brilho da chama, à centelha da inspiração divina e à força da intuição que arde dentro de cada um. Para os antigos povos, esta árvore era um farol em tempos de escuridão, trazendo orientação e discernimento. A madeira da sorveira era usada para acender fogueiras rituais, e acreditava-se que seus ramos podiam canalizar a energia do fogo espiritual, despertando dons proféticos e afastando influências negativas.

Assim como as chamas transformam e purificam, a sorveira nos ensina a iluminar o desconhecido e a enxergar além do que é visível. Sua energia nos convida a seguir com coragem, confiando na intuição e permitindo que a luz interior nos guie. Em momentos de dúvida ou incerteza, esta árvore lembra que dentro de cada um há uma chama que nunca se apaga, capaz de nos conduzir à sabedoria e à proteção em nossa jornada espiritual.

***Finalidades mágicas***

- Criação de um escudo energético para afastar influências negativas e espíritos indesejados.
- Expansão da intuição e fortalecimento das percepções psíquicas.
- Conexão profunda com espíritos ancestrais e divindades da natureza.
- Proteção e estabilidade em viagens espirituais, projeções astrais e jornadas de autoconhecimento.
- Atração de sucesso, prosperidade e crescimento espiritual.

## Fearn (Amieiro) - Coragem, Resistência e Conexão com a Água

O amieiro, conhecido como Fearn no alfabeto Ogham, é uma árvore intimamente ligada ao elemento Água e aos espíritos aquáticos, crescendo próximo a rios e lagos. Sua presença é um lembrete da fluidez da vida e da importância de se adaptar às circunstâncias, assim como a água molda tudo ao seu redor sem perder sua essência. Os celtas reverenciavam o amieiro por sua resistência e por sua ligação com o mundo espiritual, acreditando que ele servia como um canal entre os reinos visível e invisível, protegendo aqueles que buscavam orientação.

Uma das características mais marcantes do amieiro é que sua madeira não apodrece quando submersa, tornando-se símbolo de força, persistência e estabilidade. Essa propriedade fez com que fosse amplamente utilizado na fabricação de escudos, trazendo proteção tanto no combate físico quanto espiritual. Para os antigos povos celtas, carregar um pedaço de amieiro ou utilizá-lo na construção de estruturas era uma forma de garantir segurança contra energias negativas e adversidades, pois sua energia criava uma barreira contra o que poderia enfraquecer o espírito e a determinação.

Além de ser uma árvore de proteção e resistência, Fearn também representa coragem e transformação. Assim como as raízes do amieiro se aprofundam na terra e suas folhas permanecem vibrantes mesmo em condições difíceis, ele nos ensina a manter a força interior em tempos desafiadores. Seu poder nos envolve como um escudo energético, afastando medos e incertezas, enquanto nos lembra de que a verdadeira proteção vem da confiança em nossa própria jornada. Trabalhar com sua energia é um convite para fortalecer nossa base, nos adaptar às mudanças e nos erguer com resiliência diante dos desafios da vida.

### *Finalidades mágicas*

- Força emocional e superação de dificuldades.
- Ligação com rios, lagos e divindades aquáticas.
- Coragem para enfrentar tempos de transição.
- Estabilidade e resistência perante mudanças.
- Proteção e resistência.

## Saille (Salgueiro) - Intuição, Emoções e Conexão com a Lua

O salgueiro, conhecido como Saille no alfabeto Ogham, é uma árvore profundamente conectada à lua, às águas e ao feminino sagrado. Associado à intuição e à sensibilidade, ele simboliza a capacidade de adaptação aos ciclos da vida, refletindo a fluidez das emoções e a profundidade do inconsciente. Os druidas o utilizavam em rituais para fortalecer a espiritualidade, desenvolver dons psíquicos e promover a cura emocional, pois acreditavam que sua energia ajudava a equilibrar os sentimentos e a revelar verdades ocultas.

Esta árvore cresce próxima a rios e lagos, absorvendo a energia das águas e espelhando sua natureza misteriosa e transformadora. Sua madeira era usada na confecção de varinhas e amuletos protetores, pois acreditava-se que possuía o poder de afastar energias negativas e facilitar a conexão com os reinos espirituais. Além de sua influência mágica, o salgueiro também era reverenciado por suas propriedades curativas, sendo um dos precursores da aspirina moderna, usada para aliviar dores e febres.

O salgueiro nos ensina a fluir com os desafios da vida, aceitando as mudanças com sabedoria e intuição. Quando buscamos respostas ou nos sentimos emocionalmente sobrecarregados, ele nos convida a mergulhar no inconsciente e confiar em nossa voz interior. Sua energia é um lembrete de que a suavidade pode ser tão poderosa quanto a força e que a verdadeira sabedoria está em compreender e harmonizar nossos sentimentos com o fluxo natural do universo.

*Finalidades mágicas*

- Desenvolvimento da intuição e das habilidades psíquicas.
- Equilíbrio emocional e fortalecimento da sensibilidade.
- Ligação com os ciclos lunares e o inconsciente.
- Transformação e renovação espiritual.

## Nion (Freixo) - Conexão Espiritual, Sabedoria e Destino

O freixo (Nion) é uma árvore profundamente sagrada para os celtas, representando conexão espiritual, sabedoria e o fluxo do destino. Considerado uma árvore cósmica, acredita-se que suas raízes e seus galhos unam os diferentes planos da existência: o mundo terrestre, o mundo espiritual e o mundo dos deuses.

Os celtas associavam o freixo à intuição e ao crescimento pessoal, pois suas raízes profundas simbolizam o conhecimento ancestral, enquanto seus galhos elevados representam o desenvolvimento da alma em direção ao divino. Era comum que druidas e sábios meditassem sob o freixo para obter *insights* e mensagens espirituais.

Esta árvore também possuía forte conexão com a água e os rios, sendo frequentemente plantada às margens de cursos d'água para simbolizar a fluidez da vida e a importância de se adaptar às mudanças do destino.

*Finalidades mágicas*

- Fortalecimento da conexão com o espiritual e os deuses.
- Desenvolvimento da intuição e da sabedoria interior.
- Compreensão dos ciclos da vida e do destino.
- Renovação e equilíbrio energético.

- Proteção contra energias negativas e fortalecimento da alma.
- O tecer da vida, tudo está interligado.

## Huath (Espinheiro-branco) – Proteção, Limpeza Espiritual e Mistérios do Outro Mundo

O espinheiro-branco (Huath) é uma árvore sagrada para os celtas, associada à proteção espiritual, purificação e conexão com o Outro Mundo. Considerada uma guardiã dos portais entre os mundos, acreditava-se que esta árvore era habitada por espíritos e fadas, sendo um ponto de passagem para dimensões espirituais.

Os celtas respeitavam profundamente o espinheiro-branco e achavam que cortar ou danificar um desses arbustos poderia trazer má sorte e perturbar os espíritos que ali habitavam. Por isso, era comum que espinheiros fossem deixados intocados nos bosques sagrados e próximos a locais de culto.

Esta árvore também era usada em rituais de proteção e limpeza energética, pois seus espinhos simbolizavam uma barreira contra forças negativas e influências indesejadas. Além disso, suas flores brancas estavam ligadas à pureza, ao renascimento e à esperança, sendo utilizadas para atrair boas energias e afastar o mal.

O espinheiro-branco nos ensina que a proteção e a sabedoria caminham juntas, e que a relação com o mundo espiritual deve ser respeitosa e equilibrada. Ele nos lembra da importância de purificar nossa energia e criar barreiras saudáveis contra tudo aquilo que nos enfraquece.

### *Finalidades mágicas*

- Proteção espiritual e afastamento de influências negativas.
- Limpeza e purificação energética de pessoas e ambientes.
- Conexão com o Outro Mundo e os espíritos ancestrais.

- Renovação espiritual e fortalecimento da intuição.
- Guardião de portais energéticos e locais sagrados.

## Duir (Carvalho) - Força, Estabilidade e Sabedoria Ancestral

O carvalho, conhecido como Duir no alfabeto Ogham, era reverenciado pelos druidas e reis celtas como a árvore da força, da longevidade e da sabedoria ancestral. Seu nome está ligado à palavra celta para "porta", representando a passagem entre diferentes reinos, tanto no mundo físico quanto no espiritual. Sua presença majestosa nos bosques era vista como um eixo sagrado, conectando a terra ao céu e servindo de ponte entre os deuses e os mortais, trazendo equilíbrio e proteção aos que buscavam seu conhecimento.

Por sua resistência ao tempo e às tempestades, o carvalho se tornou um símbolo de estabilidade e coragem. Seus troncos robustos e raízes profundas lembram a importância de uma base sólida para enfrentar desafios e se manter firme diante das dificuldades. Os druidas realizavam cerimônias sob os carvalhos, pois acreditavam que sua energia amplificava os rituais e facilitava a comunicação com os espíritos da natureza. Suas folhas e bolotas eram consideradas portadoras de bênçãos e prosperidade, sendo usadas para atrair sucesso e proteção espiritual.

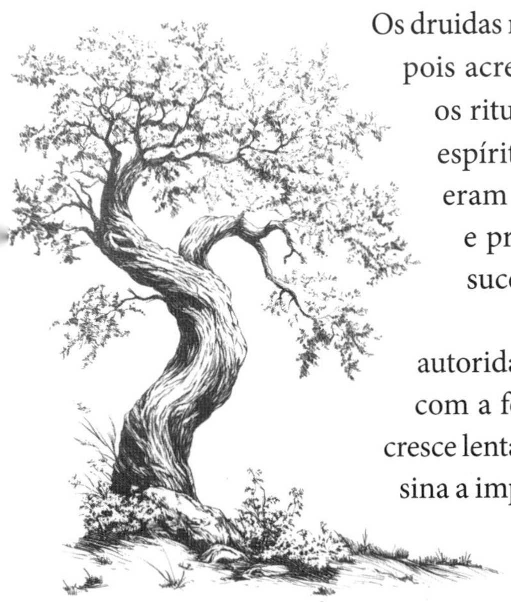

Duir também representa liderança e autoridade, refletindo a conexão dos reis celtas com a força da terra. Assim como o carvalho cresce lentamente, mas se torna imponente, ele ensina a importância da paciência e da construção de uma base sólida antes de alcançar grandes conquistas. Trabalhar com a energia dessa árvore fortalece a confiança, a resiliência e a busca pelo conhecimento ancestral, guiando aqueles que desejam trilhar o caminho da sabedoria e do poder interior.

*Finalidades mágicas*

- Força física e espiritual para enfrentar desafios.
- Sabedoria adquirida pela experiência e pelo tempo.
- Proteção e conexão com o mundo espiritual.
- Resistência e estabilidade em tempos de mudanças.
- Poder pessoal e resistência.

## Tinne (Azevinho) - Dedicação, Transformação e Construção

O azevinho, conhecido como Tinne no alfabeto Ogham, é uma árvore profundamente ligada à proteção, resistência e superação. Suas folhas espinhosas eram vistas como um escudo natural, afastando influências indesejadas e garantindo segurança para aqueles que buscavam força espiritual. Os celtas acreditavam que carregar um ramo de azevinho ou tê-lo próximo ao lar criava uma barreira contra energias negativas, oferecendo um refúgio seguro e fortalecido diante das adversidades.

Além de sua forte simbologia protetora, o azevinho era associado à persistência e à coragem. Durante o inverno, quando muitas árvores perdem suas folhas, o azevinho se mantém verde e vibrante, demonstrando a vitalidade mesmo nos períodos mais difíceis. Seus frutos vermelhos, que surgem na estação mais fria, representam a chama da vida que continua a brilhar mesmo em meio à escuridão. Por isso, essa árvore era considerada um símbolo de esperança e renovação, lembrando que, mesmo diante dos desafios, a força interior pode nos guiar para tempos melhores.

Tinne também está ligado a guerreiros e líderes, sendo associado à resiliência e proteção nas batalhas, tanto físicas quanto espirituais. Seu espírito ensina a enfrentar as dificuldades com determinação, sem se deixar abalar pelos obstáculos no caminho. Assim como o azevinho resiste ao frio intenso, ele nos convida a manter nossa essência forte e inabalável, confiando em nossa própria capacidade de superação e crescimento, independentemente das circunstâncias.

***Finalidades mágicas***

- Determinação e coragem para superar obstáculos.
- Proteção contra influências negativas e perigos.
- Força para enfrentar tempos difíceis.
- Resistência e renascimento em meio às adversidades.

## Coll (Aveleira) - Sabedoria, Conhecimento e Inspiração

A aveleira, conhecida como Coll no alfabeto Ogham, é uma árvore profundamente ligada à sabedoria, inspiração e conexão espiritual. Os celtas acreditavam que suas nozes continham o conhecimento do mundo, simbolizando a busca pelo aprendizado e pela elevação da mente. Essa árvore era reverenciada pelos bardos, poetas e estudiosos, pois ajudava a despertar a intuição e a criatividade, favorecendo a expressão artística e a comunicação com os reinos sutis. Seu nome está associado ao discernimento e à clareza mental, qualidades essenciais para aqueles que trilhavam o caminho do conhecimento.

Além de sua ligação com o intelecto, a aveleira era vista como uma árvore profética, capaz de conceder dons de visão e inteligência elevada. Segundo as lendas celtas, quem comesse suas avelãs ou bebesse da água de fontes próximas às suas raízes receberia revelações

espirituais e mensagens divinas. Esses locais eram considerados portais sagrados, onde os deuses e os espíritos transmitiam sabedoria àqueles que estavam prontos para recebê-la. Por isso, Coll se tornou um símbolo do despertar da consciência, ajudando aqueles que buscam compreender os mistérios do universo e desenvolver suas percepções intuitivas.

A energia da aveleira ensina que o verdadeiro poder vem do conhecimento e da harmonia entre mente e espírito. Assim como sua madeira flexível permite que a árvore se adapte sem quebrar, ela nos lembra da importância de cultivar a sabedoria com humildade e abertura. Trabalhar com sua energia fortalece a aprendizagem, a inspiração e a clareza, incentivando o crescimento intelectual e espiritual. Coll é a árvore daqueles que buscam compreender o mundo além do óbvio, explorando as profundezas da mente e da alma em busca de verdade e iluminação.

### *Finalidades mágicas*

- Aumento da sabedoria e do conhecimento.
- Desenvolvimento da criatividade e inspiração artística.
- Conexão com o divino e fortalecimento da intuição.
- Facilitação do aprendizado e da comunicação.

## Quert (Macieira) - Amor, Beleza e Renovação

A macieira, conhecida como Quert no alfabeto Ogham, é uma árvore profundamente associada ao amor, à beleza e à imortalidade. Entre os celtas, os bosques de macieiras eram considerados portais para o Outro Mundo, onde os deuses e os espíritos ancestrais habitavam. Nenhuma outra árvore representa tão bem a terra sagrada de Avalon, a mítica ilha das maçãs, onde a cura, o renascimento e os mistérios espirituais eram guardados pelas sacerdotisas. Seus frutos eram símbolos de juventude eterna, e acreditava-se que aqueles que os provassem poderiam acessar conhecimentos ocultos e se conectar com a magia da renovação.

A energia da macieira está fortemente ligada ao amor verdadeiro e à harmonia nos relacionamentos. Seus frutos e flores eram usados em rituais de paixão, união e fortalecimento dos laços afetivos, promovendo o equilíbrio entre corpo e espírito. Para os antigos povos, a macieira não apenas representava a doçura do amor romântico, mas também a plenitude do prazer e da abundância. Seu simbolismo ultrapassa o material, ensinando que o amor genuíno nasce do crescimento mútuo e da conexão profunda entre almas.

Quert nos convida a viver a vida com doçura, plenitude e gratidão, nos lembrando de que o amor, a beleza e a renovação fazem parte da jornada de cada ser. Assim como Avalon é um refúgio espiritual, a macieira nos oferece um espaço sagrado dentro de nós mesmos, onde podemos encontrar cura, inspiração e o poder de recomeçar. Trabalhar com sua energia fortalece os sentimentos de amor e compaixão, nos guiando a relações mais autênticas e a um caminho de realização pessoal e espiritual.

*Finalidades mágicas*

- Atrair amor e fortalecer relacionamentos.
- Renovação espiritual e recomeços.
- Conexão com o Outro Mundo e os ancestrais.
- Promoção da cura emocional e do equilíbrio interior.

## Muin (Videira) - Profecia, Transformação e Celebração

A videira, conhecida como Muin no alfabeto Ogham, é um símbolo sagrado de conexão espiritual, ciclos da vida e celebração da colheita. Representando a transição entre o verão e o outono, ela carrega consigo a energia da transformação e da maturidade espiritual, lembrando que cada fase da vida tem seu próprio valor e aprendizado. Seu crescimento entrelaçado simboliza a interconexão de todas as coisas, mostrando que a jornada da alma é feita de experiências que se entrelaçam para formar um todo maior.

Os celtas associavam a videira à profecia e à clarividência, acreditando que suas folhas e seus frutos eram portadores de mensagens ocultas e visões espirituais. O vinho, obtido da uva, era considerado uma bebida sagrada, capaz de expandir a mente e facilitar o contato com os deuses e os espíritos ancestrais. Em rituais e festivais, o vinho era oferecido como um presente à terra, marcando a gratidão pela colheita e pela abundância. Sua energia nos ensina a apreciar a vida em sua plenitude, reconhecendo os frutos que colhemos ao longo da jornada.

Além de sua ligação com o sagrado, a videira também representa a alegria, a comunhão e os prazeres da vida. Seu vinho simboliza não apenas a embriaguez mística da espiritualidade, mas também a festa, o riso e a celebração das conquistas. Nos antigos festivais celtas, como Samhain e Lughnasadh, o vinho era compartilhado como um elo de união, trazendo calor e conexão entre as pessoas. Muin nos ensina a viver com gratidão e a honrar os ciclos da vida, lembrando que a espiritualidade não está apenas no silêncio e na introspecção, mas também na celebração e no prazer de estar vivo.

***Finalidades mágicas***

- Desenvolvimento da profecia e da visão espiritual.
- Celebração da vida e gratidão pela abundância.
- Transformação pessoal e aceitação das mudanças.
- Fortalecimento da conexão com a espiritualidade.

## Gort (Hera) - Crescimento, Proteção e União

A hera, conhecida como Gort no alfabeto Ogham, é um símbolo de crescimento contínuo, resistência e proteção. Sua natureza de se entrelaçar e se expandir reflete a conexão entre os mundos, a continuidade da vida e a força para superar desafios. Para os celtas, essa planta representava a perseverança e a renovação, pois mesmo nas condições mais adversas, a hera continua a crescer, agarrando-se com firmeza às superfícies, lembrando que a vida sempre encontra um caminho.

Além de seu papel protetor, a hera também era um símbolo sagrado de união e fidelidade, sendo frequentemente utilizada em rituais de casamento e celebrações de amor. Por crescer entrelaçada, ela representava o vínculo inquebrável entre duas almas que escolhem caminhar juntas, compartilhando forças e desafios. Nos casamentos celtas, coroas e guirlandas de hera eram usadas pelos noivos para atrair harmonia e lealdade, garantindo que a relação fosse duradoura e fortalecida pelo crescimento mútuo.

A fertilidade também está entre os atributos mágicos da hera, pois sua capacidade de se espalhar vigorosamente simboliza a abundância e a geração de nova vida. Para os antigos celtas, esta planta estava associada às bênçãos da terra e à energia feminina, sendo usada em rituais para promover a concepção e fortalecer laços familiares. Gort nos ensina que o amor, assim como a hera, precisa de espaço para crescer, mas também de raízes firmes para resistir ao tempo, unindo os corações com força e proteção.

*Finalidades mágicas*

- Crescimento e expansão pessoal.
- União, casamento, alegrias e sucesso.
- Fortalecimento de laços e relacionamentos duradouros.
- Superação de desafios e continuidade da jornada.

## Ngetal (Junco) – Clareza, Flexibilidade e Cura

O junco, conhecido como Ngetal no alfabeto Ogham, é uma planta profundamente ligada à cura, flexibilidade e adaptação. Crescendo em solos úmidos e pantanosos, ele simboliza a capacidade de se ajustar às mudanças da vida sem perder sua essência, mantendo-se firme mesmo em terrenos instáveis. Para os celtas, o junco era um símbolo de renovação e resiliência, mostrando que, assim como esta planta se curva ao vento sem se partir, é preciso aprender a fluir com os desafios da existência.

Além de sua conexão com a fluidez e a adaptação, o junco era considerado um canal entre os mundos, sendo amplamente utilizado em rituais de purificação e fortalecimento da mente. Os druidas e curandeiros celtas valorizavam esta planta por sua ligação com a cura do corpo e da alma, a empregando na confecção de esteiras, cestos e outros itens usados em cerimônias de proteção e renovação espiritual. Em muitas tradições, o junco era trançado em forma de amuletos protetores, garantindo a clareza mental e afastando influências negativas.

Também era associado aos locais de cura e sabedoria, onde os druidas e curandeiros desempenhavam seus rituais. Por ser uma planta resistente e que cresce em meio à água, acreditava-se que ela carregava as energias da regeneração e da purificação, ajudando a restaurar o equilíbrio e a fortalecer aqueles que buscavam sua orientação. Ngetal nos ensina que, para curar e evoluir, é preciso aprender a se adaptar, mantendo o espírito forte e a mente aberta para as lições da vida.

*Finalidades mágicas*

- Clareza mental e fortalecimento da intuição.
- Flexibilidade para lidar com mudanças.
- Purificação energética e emocional.
- Restauração da saúde e do equilíbrio interior.

## Straif (Espinheiro-negro) - Desafios, Transformação e Proteção Espiritual

O espinheiro-negro, conhecido como Straif no alfabeto Ogham, simboliza os desafios, a superação e a transformação profunda. Sua presença na natureza reflete o equilíbrio entre proteção e provação, pois, embora seus espinhos possam ferir, eles também servem como um escudo contra ameaças. Esta árvore era vista pelos celtas como uma guardiã dos mistérios da vida, ensinando que, para alcançar a renovação, muitas vezes é necessário passar por momentos de dor e enfrentamento.

O espinheiro-negro estava associado a provações espirituais, por se acreditar que aqueles que buscavam sabedoria precisavam primeiro enfrentar seus próprios medos e limitações. Seus galhos retorcidos e sua aparência sombria reforçavam essa conexão com os ciclos de morte e renascimento, representando a destruição do que já não serve mais para abrir caminho para o novo. Sua madeira era utilizada em rituais de banimento, afastando energias negativas e cortando laços indesejados, sendo uma árvore essencial para quem desejava eliminar influências nocivas e recomeçar com mais força.

Apesar de sua aparência austera, Straif também carrega um profundo ensinamento sobre resiliência e renascimento. Assim como a vida exige momentos de recolhimento e confronto interno, o espinheiro-negro nos lembra de que toda transformação verdadeira nasce do enfrentamento dos desafios. Sua energia nos convida a aceitar as dificuldades como parte do crescimento e a confiar que, após cada provação, surge uma nova versão de nós mesmos, mais forte e preparada para seguir adiante.

### *Finalidades mágicas*

- Superação de desafios e provações.
- Transformação profunda e renovação espiritual.
- Proteção contra ataques energéticos e magia negativa.
- Purificação de emoções e libertação do passado.

## Ruis (Sabugueiro) - Morte, Renascimento e Conexão com os Espíritos

O sabugueiro, conhecido como Ruis no alfabeto Ogham, é uma árvore profundamente ligada aos mistérios do ciclo da vida, da morte e do renascimento. Para os celtas, ele era visto como um portal entre os mundos, servindo de ponte entre o reino dos vivos e o Outro Mundo, onde habitavam os espíritos ancestrais e as forças espirituais. Suas flores delicadas e seus frutos escuros simbolizavam essa dualidade: a fragilidade da vida e a profundidade dos mistérios que a cercam. Por essa razão, o sabugueiro era frequentemente utilizado em rituais de conexão espiritual e proteção contra influências negativas.

Os druidas acreditavam que o sabugueiro carregava um grande poder, pois suas raízes mergulhavam fundo na terra enquanto seus galhos alcançavam os céus, representando a ligação entre o material e o espiritual. Muitas lendas afirmam que cortar um sabugueiro sem permissão poderia trazer infortúnios, porque se dizia que essa árvore era habitada por espíritos guardiões. No entanto, quando respeitada, ela oferecia proteção, sabedoria e orientação, auxiliando aqueles que buscavam respostas sobre sua jornada e ajudando a compreender os ciclos naturais da existência.

Além de sua forte ligação com o espiritual, Ruis também era utilizado em práticas de cura e purificação. Suas flores eram empregadas na preparação de tônicos e poções, enquanto seus galhos podiam ser usados para criar amuletos de proteção. O sabugueiro nos ensina que todo fim é apenas um novo começo, e de que aceitar as transformações da vida com sabedoria nos permite crescer e evoluir. Trabalhar com sua energia é um convite para compreender os mistérios da existência e se abrir para as lições que os ancestrais e os ciclos da natureza têm a ensinar.

***Finalidades mágicas***

- Comunicação com os ancestrais e espíritos.
- Fechamento de ciclos e preparação para recomeços.
- Proteção espiritual contra influências externas.
- Desenvolvimento da mediunidade e da percepção espiritual.

## Ailm (Abeto) – Clareza, Força e Conexão com o Divino

O abeto, conhecido como Ailm no alfabeto Ogham, simboliza elevação espiritual, clareza mental e resistência. Como uma árvore perene, que mantém sua vitalidade mesmo nas estações mais rigorosas, ela representa a continuidade da vida e a conexão com os deuses. Sua imponência e altura eram vistas pelos celtas como um sinal de sua proximidade com os céus, tornando-a um guia espiritual para aqueles que buscavam expandir sua consciência e fortalecer sua fé.

Além de sua ligação com a espiritualidade e a proteção, o abeto era amplamente utilizado em amuletos de orientação e fortalecimento interior. Os druidas acreditavam que sua madeira continha a energia da sabedoria ancestral e do discernimento, auxiliando na tomada de decisões e na superação de desafios. Seu aroma e suas resinas eram usados em rituais de purificação e renovação, ajudando a dissipar dúvidas e trazendo maior clareza para a mente e o espírito.

Ailm nos ensina que o verdadeiro crescimento acontece quando encontramos força e estabilidade dentro de nós mesmos, assim como o abeto permanece firme diante das tempestades. Seu simbolismo nos convida a elevar nossos pensamentos, buscar conhecimento e confiar no caminho espiritual, sabendo que, mesmo nos momentos mais difíceis, a luz da sabedoria sempre estará presente para nos guiar. Trabalhar com esta árvore significa fortalecer a conexão com o divino e desenvolver a resistência necessária para trilhar a jornada da vida com propósito e determinação.

***Finalidades mágicas***

- Elevação espiritual e fortalecimento da fé.
- Clareza mental e capacidade de enxergar o caminho certo.
- Resistência emocional e estabilidade espiritual.
- Proteção contra dúvidas e incertezas.

## Onn (Tojo) - Energia, Paixão e Expansão

O tojo, conhecido como Onn no alfabeto Ogham, é uma planta que carrega a energia vibrante do sol, da expansão e da paixão pela vida. Suas flores amarelas brilhantes simbolizam a força vital, a prosperidade e o renascimento, sendo um lembrete de que a luz e o calor sempre retornam após os períodos frios e desafiadores. Para os celtas, o tojo era um símbolo de crescimento pessoal e sorte, impulsionando aqueles que desejavam avançar com coragem em sua jornada.

Além de sua conexão com a abundância e a fertilidade, o tojo era frequentemente utilizado em rituais para atrair prosperidade e felicidade. Suas flores eram consideradas portadoras de bênçãos, sendo usadas em oferendas e celebrações para invocar os bons ventos da fortuna. Os antigos acreditavam que plantar tojo ao redor de casas e campos ajudava a garantir colheitas prósperas e proteção contra escassez, reforçando sua ligação com a energia da fartura.

Embora seja uma planta de beleza radiante, o tojo também possui espinhos afiados, tornando-se um símbolo de proteção contra influências negativas. Assim como seus espinhos impedem invasores indesejados, esta planta representa a força e a determinação necessárias para manter o que é precioso e afastar aquilo que não nos serve mais. Onn nos ensina que, para florescer plenamente, é preciso equilíbrio entre abertura e defesa, sabendo acolher oportunidades sem perder a firmeza diante dos desafios.

***Finalidades mágicas***

- Estímulo da paixão e motivação para projetos.
- Crescimento e expansão em todas as áreas da vida.
- Atração da boa sorte e prosperidade.
- Proteção energética contra negatividade e inveja.

## Ur (Urze) - Espiritualidade, Transição e Sabedoria Interior

A urze, conhecida como Ur no alfabeto Ogham, é uma planta sagrada associada à espiritualidade, transição e sabedoria interior. Crescendo em solos áridos e terrenos rochosos, ela simboliza a resiliência e a capacidade de florescer mesmo nas condições mais difíceis. Para os celtas, esta planta representava a força da alma que, mesmo em tempos desafiadores, encontra beleza e propósito, mostrando que a verdadeira transformação acontece quando aprendemos a crescer a partir das adversidades.

Além de sua conexão com a resistência, a urze era considerada um caminho para a elevação espiritual e a conexão com o sagrado. Suas flores delicadas eram utilizadas em rituais de purificação e meditação, ajudando a expandir a consciência e facilitando o contato com os

reinos sutis. Os druidas a utilizavam para abrir portais energéticos e fortalecer a intuição, pois acreditavam que sua essência era capaz de guiar aqueles que buscavam conhecimento e crescimento interior.

A urze também estava ligada à paz, harmonia e proteção espiritual. Suas flores eram usadas para atrair tranquilidade e afastar energias negativas, sendo frequentemente colocadas em lares e templos para garantir equilíbrio e serenidade. Ur nos ensina que, independentemente das circunstâncias externas, a força verdadeira vem de dentro, e que a sabedoria e a espiritualidade são construídas na persistência, na coragem e na busca pela luz mesmo nos momentos mais sombrios.

*Finalidades mágicas*

- Fortalecimento espiritual e meditação.
- Suavização de períodos de transição e mudanças.
- Desenvolvimento da paciência e da introspecção.
- Atração de harmonia e serenidade.

## Eadhadh (Álamo-tremedor) - Renovação, Resistência e Comunicação Espiritual

O álamo-tremedor (Eadhadh) simboliza resiliência, renovação e proteção espiritual. Esta árvore cresce rapidamente e se adapta a diferentes condições, demonstrando sua capacidade de resistência e flexibilidade diante das adversidades. É um símbolo de resiliência, renovação e proteção espiritual, além de força diante das mudanças e dos desafios da vida.

Os celtas acreditavam que o álamo era um canal entre os mundos, sendo utilizado em rituais para comunicação com os espíritos e fortalecimento da intuição. Os druidas utilizavam sua madeira em

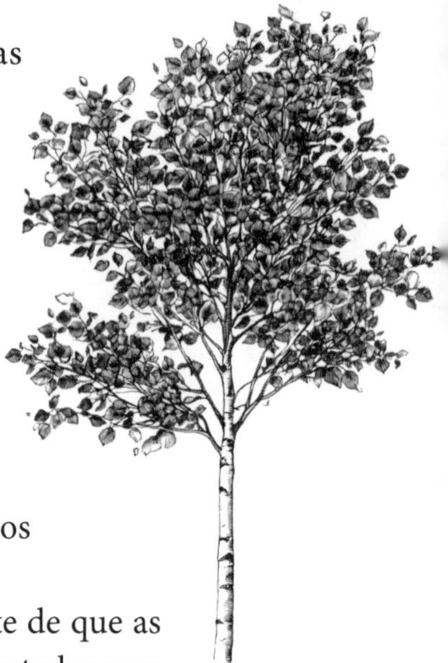

rituais para entrar em contato com os guias espirituais e obter visões proféticas, e com ela também criavam amuletos para afastar energias nocivas e trazer clareza mental em momentos de incerteza. Sua casca e suas folhas eram queimadas como incenso para purificar ambientes e remover influências negativas, tornando-se um poderoso aliado em feitiços de proteção. Sua presença próxima a riachos e lugares sagrados reforçava seu papel como uma árvore de passagem, conectando os planos material e espiritual.

Para os celtas, esta árvore era um lembrete de que as mudanças são inevitáveis, mas podem ser enfrentadas com força e sabedoria. Suas folhas tremulantes ao vento eram vistas como mensagens dos espíritos, carregando ensinamentos sobre a impermanência da vida e a necessidade de renovação constante. O álamo também era visto como um guardião da energia pessoal e do ambiente, pois sua essência trazia equilíbrio e renovação. Assim como esta árvore se curva ao vento sem se partir, Eadhadh ensina que a verdadeira força está na adaptação, permitindo que possamos superar desafios sem perder nossa essência. Trabalhar com sua energia é um convite para abraçar a mudança, fortalecer a intuição e confiar no fluxo natural da vida.

### *Finalidades mágicas*

- Superação de mudanças e desafios, promovendo resiliência e adaptação.
- Proteção espiritual contra energias negativas e influências nocivas.
- Facilitação da comunicação com espíritos e guias, auxiliando na intuição e nas visões proféticas.
- Renovação da energia pessoal e do ambiente, eliminando bloqueios e trazendo clareza mental.

- Purificação e equilíbrio energético, sendo usado em incensos e rituais de limpeza.
- Fortalecimento da conexão com o mundo espiritual, abrindo caminhos para novas percepções.

## Idhodadh (Teixo) - Morte, Renascimento e Sabedoria Ancestral

O teixo, conhecido como Idhodadh no alfabeto Ogham, é uma árvore profundamente ligada aos mistérios da morte, do renascimento e da imortalidade. Sua incrível longevidade, com exemplares que podem viver por milhares de anos, e sua capacidade de regeneração simbolizam os ciclos eternos da existência. Os celtas viam essa árvore como um portal entre os mundos, um guardião da sabedoria ancestral que ensina que cada fim traz consigo um novo começo. Sua presença nos bosques sagrados e nos antigos cemitérios reforça sua ligação com a espiritualidade e o mundo dos ancestrais.

Para os druidas e videntes, o teixo era considerado uma árvore de grande poder, pois carregava os segredos do tempo e da transformação. Suas raízes profundas e sua madeira resistente faziam dele um símbolo de força espiritual e proteção contra influências negativas. Muitas tradições celtas utilizavam suas folhas e seus galhos em rituais de conexão com os espíritos, buscando orientação e aprendizado. Sua essência trazia o entendimento de que a vida e a morte não são opostas, mas partes de um mesmo fluxo, convidando à reflexão sobre a transitoriedade e o crescimento da alma.

Além de ser um guardião dos mistérios, Idhodadh também representa o fechamento de ciclos e a preparação para novas jornadas. Assim como suas folhas persistem mesmo nos invernos mais rigorosos, ele ensina que a verdadeira sabedoria está na capacidade de se transformar sem perder a essência. Sua energia nos lembra que a renovação é necessária e que, para crescer, devemos deixar para trás aquilo que já cumpriu seu propósito. Trabalhar com o teixo fortalece a intuição, a conexão espiritual e a resiliência diante das mudanças da vida.

***Finalidades mágicas***

- Conexão com os ancestrais e ensinamentos antigos, fortalecendo laços espirituais com os que vieram antes.
- Fechamento de ciclos e preparação para renascimentos, ajudando na transição entre fases da vida.
- Proteção contra ataques espirituais e energias densas, criando um escudo energético poderoso.
- Desenvolvimento da percepção e do conhecimento oculto, expandindo a intuição e a visão espiritual.
- Força e resistência espiritual, promovendo resiliência e crescimento interior.
- Renovação e transformação pessoal, guiando aqueles que buscam recomeços com sabedoria.

## Eabhadh (Álamo-Branco) - O Caminho da Transformação e do Renascimento

O álamo-branco, conhecido entre os celtas como Eabhadh, é uma árvore profundamente ligada à mudança, à flexibilidade e ao crescimento espiritual. Suas folhas tremulam ao menor sopro do vento, simbolizando a sensibilidade às mensagens do universo, a adaptação aos desafios e a coragem para trilhar novos caminhos. Como uma árvore de transição, o álamo-branco ensina que todas as fases da vida têm seu propósito e que a verdadeira força está na capacidade de se transformar sem medo do desconhecido.

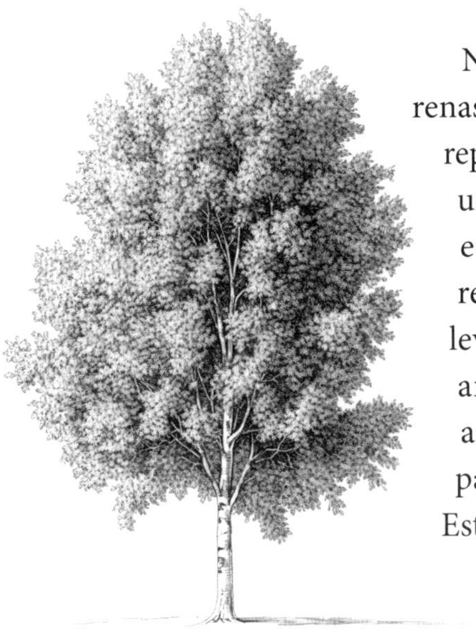

No Bosque Sagrado, onde a transição e o renascimento são constantes, o álamo-branco representa a jornada mágica e espiritual. Ele é uma árvore de direcionamento, completude e profecia, guiando aqueles que buscam respostas e um novo começo. Sua madeira leve e flexível era empregada na criação de amuletos de proteção e inspiração, pois acreditava-se que ajudava a abrir portais para a intuição e a sabedoria bem aplicada. Esta árvore sagrada fortalece a clareza mental e emocional, permitindo que as mudanças ocorram com harmonia e propósito.

Os celtas viam o álamo-branco como um elo entre os mundos, um canal para mensagens divinas e um símbolo do Centro do Mundo, onde passado, presente e futuro se encontram. Sua presença nos bosques sagrados era um lembrete de que todas as transformações fazem parte de um ciclo maior. Estar sob sua sombra é se abrir para a nutrição espiritual, permitindo que a força interior floresça e que a alma encontre seu verdadeiro propósito.

### *Finalidades mágicas*

- Abrir novos caminhos e aceitar transformações profundas, ajudando na adaptação e no crescimento.
- Desenvolver a intuição e interpretar mensagens espirituais, fortalecendo a conexão com o sagrado.
- Equilibrar emoções e fortalecer a flexibilidade diante da vida, promovendo clareza mental e emocional.
- Reconhecer o próprio potencial e seguir a jornada com determinação, superando medos e incertezas.

## Oir (Evônimo) - Renovação, Energia e Proteção Espiritual

O evônimo, conhecido como Oir no alfabeto Ogham, é uma árvore sagrada associada à renovação, energia e proteção espiritual. Seus frutos vibrantes e sua madeira resistente simbolizam transformação e equilíbrio, sendo amplamente utilizados pelos celtas em práticas de cura e fortalecimento energético.

Considerado um elo entre os mundos, o evônimo representava a conexão com o divino e os ciclos da natureza, lembrando que a verdadeira cura vem da harmonia com as forças espirituais.

Além de sua forte ligação com a cura e a vitalidade, o evônimo também era visto como uma árvore de proteção e transição. Sua madeira era usada para a confecção de ferramentas sagradas e amuletos, garantindo segurança energética e afastando influências negativas. Os druidas consideravam esta árvore um canal para a sabedoria espiritual, pois sua essência ajudava a restaurar o equilíbrio emocional e fortalecer a intuição. Seus frutos brilhantes simbolizavam prosperidade e transformação, trazendo clareza para aqueles que buscavam novos caminhos.

Oir nos ensina que toda mudança é uma oportunidade de renovação, nos guiando a encontrar força, resiliência e crescimento mesmo nos momentos mais desafiadores. Sua energia nos convida a cuidar do corpo, da mente e da alma, permitindo que a vitalidade flua livremente. Assim como esta árvore se adapta às estações, ela nos lembra de que devemos estar abertos à transformação para alcançar nosso verdadeiro potencial. Trabalhar com sua energia fortalece a proteção, a conexão espiritual e a busca pelo equilíbrio interior.

*Finalidades mágicas*

- Revitalização da energia pessoal e do bem-estar, promovendo força e renovação.
- Cura emocional e fortalecimento do corpo, ajudando na regeneração e no equilíbrio.
- Conexão com a natureza e seus ciclos, buscando despertar a harmonia espiritual.
- Restauração do equilíbrio e da proteção energética, afastando influências negativas.

## Uilleann (Madressilva) - Intuição, Mistério e Conexão Espiritual

A madressilva, conhecida como Uilleann no alfabeto Ogham, simboliza intuição, mistério e busca pela verdade interior. Sua forma trepadeira, que cresce em espirais, representa a ligação entre os mundos visível e invisível, conduzindo aqueles que buscam sabedoria para além do óbvio. Os celtas viam esta planta como um caminho de descobertas espirituais, associado à capacidade de desvendar segredos e fortalecer a conexão com o Eu Superior.

Além de sua relação com a intuição e o autoconhecimento, a madressilva era considerada uma planta de proteção e atração de boas energias. Seus ramos entrelaçados formavam barreiras naturais contra energias negativas, sendo frequentemente plantada perto das casas para garantir harmonia e segurança. Seu aroma doce e envolvente era visto como um canal para a espiritualidade, ajudando a abrir a mente e o coração para mensagens divinas e inspiração profunda.

Uilleann nos ensina que a sabedoria está na sensibilidade e na escuta da alma. Sua energia nos convida a seguir nossa intuição, confiar nos sinais do universo e abraçar o mistério da vida. Assim como a madressilva se enrosca e se expande, ela nos lembra que o aprendizado espiritual é contínuo e que as respostas surgem para aqueles que têm paciência e disposição para explorá-las.

*Finalidades mágicas*

- Desenvolvimento da intuição e percepção espiritual, ajudando na conexão com guias e sinais.
- Proteção contra influências externas negativas, criando uma barreira energética.
- Desvendar mistérios e buscar verdades ocultas, auxiliando na jornada do autoconhecimento.
- Atração de boas energias e harmonia espiritual, trazendo clareza mental e emocional.

## Ifín (Groselha) - Proteção, Renovação e Clareza Espiritual

A groselha, conhecida como Ifín no alfabeto Ogham, simboliza proteção, renovação e resistência. Crescendo em arbustos espinhosos, esta planta representa a capacidade de superar desafios e se fortalecer diante das adversidades, criando uma barreira natural contra influências negativas. Os celtas viam a groselha como uma planta de força e vitalidade, capaz de nutrir o corpo e o espírito, trazendo equilíbrio e clareza para aqueles que buscavam superar dificuldades.

Além de sua função protetora, a groselha era associada à cura e à renovação emocional. Suas frutas suculentas eram consideradas presentes da natureza, trazendo energia e recuperação após momentos difíceis. Seu crescimento denso simbolizava a importância de estabelecer limites saudáveis, preservando a energia pessoal contra desgastes externos. Ao

mesmo tempo, seus frutos representavam abundância e a paciência necessária para colher as recompensas da vida, ensinando que o crescimento verdadeiro exige tempo e dedicação.

Ifín nos convida a refletir sobre a equação entre proteção e doçura, mostrando que a verdadeira força está na resistência, mas sem perder a leveza da alma. Trabalhar com sua energia fortalece a intuição, a clareza mental e o equilíbrio interior, promovendo a confiança em nossas decisões e a capacidade de enfrentar os desafios sem perder a essência. E a groselha nos ensina que crescer envolve tanto defesa quanto abundância, e que encontrar harmonia entre proteção e abertura é essencial para a evolução espiritual e pessoal.

*Finalidades mágicas*

- Proteção espiritual e energética contra influências negativas, criando barreiras naturais de defesa.
- Renovação e fortalecimento emocional após períodos difíceis, restaurando a vitalidade e o equilíbrio.
- Aprimoramento da clareza mental e da intuição, facilitando tomadas de decisão sábias.
- Promoção da cura e do equilíbrio físico e espiritual, trazendo nutrição e bem-estar.
- Aprendizado sobre paciência e crescimento gradual, lembrando que as recompensas vêm com o tempo e a perseverança.

## Eamhancholl (Faia) - Sabedoria, Fartura e Harmonia

A faia, conhecida como Eamhancholl no alfabeto Ogham, é um símbolo de sabedoria, prosperidade e equilíbrio. Os celtas viam esta árvore como uma guardiã do conhecimento, pois sua madeira era frequentemente usada para escritas sagradas e registros ancestrais. Além disso, suas sementes forneciam alimento para diversas espécies, tornando-a um símbolo de nutrição e abundância. Sua presença na floresta representava a continuidade da vida, o fluxo natural da energia e a estabilidade emocional e espiritual.

Além de sua forte conexão com o conhecimento e a ancestralidade, a faia também estava associada à cura e ao bem-estar. Os druidas utilizavam sua madeira e suas folhas em rituais de restauração, pois acreditavam que esta árvore harmonizava corpo e mente, promovendo clareza e discernimento. Suas folhas douradas no outono simbolizavam a renovação e a preparação para novos ciclos, sendo usada para atrair equilíbrio e boas colheitas. A energia da faia ensina que toda mudança deve ser feita com sabedoria e paciência, permitindo que o crescimento ocorra no tempo certo.

Eamhancholl também representa a conexão com a tradição e a estrutura da vida. Seu tronco forte e suas raízes profundas lembram a importância de manter uma base sólida, enquanto seus galhos altos demonstram a busca por novos aprendizados. Trabalhar com sua energia ajuda a fortalecer a fartura, o equilíbrio e a proteção espiritual, guiando aqueles que buscam crescimento pessoal e estabilidade.

*Finalidades mágicas*

- Atração de prosperidade e abundância, promovendo colheitas prósperas e fartura.
- Promoção da cura e do bem-estar físico e emocional, restaurando equilíbrio interior.
- Estabilidade e harmonia nos relacionamentos, fortalecendo laços e comunicação.
- Fortalecimento da sabedoria e do conhecimento ancestral, incentivando a busca pelo aprendizado.
- Conexão com os ciclos da vida e a renovação, permitindo crescimento pessoal com estrutura e paciência.

## A magia de Ogham na prática

Como já mencionado, o Ogham é um sistema ancestral de escrita e símbolos sagrados, utilizado pelos povos celtas e especialmente reverenciado pelos druidas como uma forma de comunicação espiritual e mágica. Baseado nas árvores e em suas energias, o Ogham não é apenas um alfabeto, mas uma poderosa ferramenta de proteção, transformação, sabedoria e conexão com os ciclos naturais. Incorporar seus símbolos em práticas mágicas pode potencializar intenções e aprofundar a ligação com a espiritualidade.

Existem diversas formas de trazer o Ogham para o cotidiano, permitindo que suas vibrações atuem em diferentes aspectos da vida. A seguir, algumas maneiras eficazes de integrar essa magia ao seu dia a dia e a seus rituais.

### *1. Desenhando os símbolos em velas para rituais*

Os símbolos do Ogham podem ser gravados em velas para ativar sua energia e direcionar a intenção do ritual. Assim como o fogo transforma e movimenta as energias, a chama da vela amplifica a força do símbolo e o projeta para o universo.

**Como fazer:**

- Escolha uma vela de cor correspondente ao propósito desejado (amor, proteção, intuição, prosperidade, etc.).
- Use um objeto pontiagudo, como uma agulha ou um graveto, para inscrever o símbolo na cera.
- Passe óleo consagrado ou ervas relacionadas ao seu objetivo na vela, intensificando a energia do símbolo.
- Acenda a vela, concentre-se no desejo e visualize a força do Ogham irradiando sua vibração.

### *2. Gravando o Ogham em portas e janelas para proteção*

Desde a Antiguidade, os celtas utilizavam inscrições mágicas para proteger casas e templos. O Ogham pode ser gravado nas entradas da residência para afastar energias negativas, criando um escudo de proteção espiritual.

**Como fazer:**

- Utilize giz, carvão, tinta natural ou faca para desenhar o símbolo nas portas, janelas ou soleiras.
- Se preferir, trace o Ogham com óleos essenciais protetores, como alecrim, arruda ou lavanda.
- Enquanto desenha o símbolo, visualize uma luz forte emanando dele e envolvendo o ambiente com segurança e equilíbrio.

Essa prática ajuda a manter o lar energeticamente limpo, protegendo os moradores contra influências externas nocivas.

### *3. Criando talismãs e amuletos com os símbolos do Ogham*

Os símbolos do Ogham podem ser esculpidos, desenhados ou pintados em materiais naturais para a criação de amuletos de proteção, fortalecimento e conexão espiritual.

**Como fazer:**

- Escolha um material natural (madeira, pedra, couro, osso ou argila).
- Grave ou desenhe o símbolo correspondente ao seu propósito, utilizando uma ferramenta afiada ou tinta sagrada.
- Consagre o amuleto com um ritual, passando-o por fumaça de ervas, água energizada ou luz de velas.
- Carregue-o consigo ou o posicione em um local estratégico, como no altar, na porta de entrada ou próximo ao local de descanso.

Os talismãs do Ogham são uma excelente maneira de carregar a energia das árvores sagradas em seu cotidiano.

### *4. Inscrevendo os símbolos em objetos do dia a dia*

Incorporar o Ogham ao cotidiano fortalece sua energia ao longo do tempo, permitindo que ele atue de forma sutil e contínua. Os símbolos podem ser inscritos em diversos objetos para atrair as energias desejadas.

**Sugestões de uso:**

- Cadernos e diários: Para estimular criatividade, aprendizado e organização mental.
- Espelhos: Para fortalecer a intuição, a conexão espiritual e a percepção sutil.
- Bolsas e carteiras: Para atrair prosperidade, sorte e equilíbrio financeiro.
- Xícaras ou garrafas de água: Para promover cura, harmonia e bem-estar físico.

Esse método permite que os símbolos do Ogham estejam sempre presentes no seu dia a dia, influenciando positivamente sua energia.

*5. Criando feitiços e encantamentos com o Ogham*

Os símbolos do Ogham podem ser utilizados em escritas mágicas, queima de pergaminhos e inscrições em objetos, ampliando a vibração dos feitiços.

**Como fazer:**

- Escreva o símbolo do Ogham em um papel ou pergaminho, junto com palavras de poder ou um mantra.
- Para ativar a intenção, escolha um dos seguintes métodos:
  - Queime o papel na chama de uma vela para enviar o desejo ao universo.
  - Enterre o pergaminho na terra para firmar e fortalecer sua intenção.
  - Dissolva-o na água para permitir que a energia flua suavemente até sua realização.

Esse método é especialmente eficaz para a atração de novas oportunidades, proteção e renovação de energia.

*6. Utilizando o Ogham em leituras oraculares*

O Ogham também pode ser utilizado como oráculo, servindo como guia para decisões e respostas espirituais.

**Como fazer:**

- Pegue pequenos pedaços de madeira, pedras ou cartas e desenhe um símbolo diferente em cada um.
- Misture os símbolos e sorteie um ao acaso, interpretando sua mensagem.
- Faça perguntas específicas e use a energia do Ogham como uma bússola espiritual.

Esse método auxilia na tomada de decisões, no autoconhecimento e no direcionamento energético.

*7. Criando marcas de proteção no corpo e na pele*
Os símbolos do Ogham podem ser desenhados temporariamente na pele para intensificar sua energia e manifestação.

**Como fazer:**

- Utilize tinta natural, carvão ou um marcador para desenhar o Ogham sobre a pele.
- Passe um óleo vegetal sobre o desenho para potencializar sua força.
- Medite com a marca, permitindo que sua vibração se alinhe com seu campo energético.

Esse método é ideal para momentos em que se deseja um fortalecimento específico, seja para clareza mental, proteção ou conexão espiritual.

## O poder do Ogham e sua sabedoria viva

O Ogham é mais do que um simples sistema de escrita – ele é uma ferramenta ancestral de magia, sabedoria e conexão com as forças da natureza. Seus símbolos carregam a essência das árvores sagradas e podem ser aplicados de diversas maneiras para potencializar intenções, equilibrar energias e fortalecer a conexão espiritual.

Ao trabalhar com o Ogham, lembre-se de respeitar a energia das árvores e honrar os ensinamentos que elas oferecem. Seja para proteção, transformação, intuição ou celebração, cada símbolo traz um poder único que pode ser integrado à vida cotidiana.

Ao incorporar essa linguagem sagrada aos seus rituais e às suas práticas diárias, você desperta uma conexão profunda com a terra, os ciclos naturais e a espiritualidade ancestral, permitindo que a magia flua em sua jornada de forma autêntica e transformadora.

## Consagração do Ogham - Ativando a energia das árvores sagradas

Antes de utilizar o Ogham em suas práticas mágicas ou oraculares, é importante consagrá-lo para que ele esteja alinhado com a sua energia e com as forças da natureza. Essa consagração pode ser feita com elementos naturais, honrando as árvores sagradas e o ciclo da vida. Veja como a seguir:

### *Ritual de consagração do Ogham*

**Materiais necessários:**

- Um pedaço de tecido natural ou um pequeno altar ao ar livre.
- Um recipiente com água pura (fonte, chuva ou filtrada).
- Um pouco de sal ou terra.
- Uma vela branca (para representar a luz e a sabedoria ancestral).
- Um ramo ou a folha de uma árvore (procure uma que esteja próxima a sua casa).
- O conjunto de Ogham que deseja consagrar (pode ser de madeira, pedra, osso ou outro material natural).

**Como fazer:**

1. Escolha um local sagrado: Se possível, faça a consagração ao ar livre, próximo a uma árvore, bosque ou jardim. Caso esteja em um espaço fechado, monte um altar simples com os elementos naturais.
2. Criação do círculo energético:
   - Posicione os materiais no centro do altar.
   - Acenda a vela branca como símbolo da sabedoria dos antigos druidas.
   - Feche os olhos e respire profundamente, conectando-se à energia das árvores e ao espírito da floresta.
3. Purificação e ativação dos elementos:

- Pegue cada peça do Ogham e passe suavemente sobre a fumaça da vela, dizendo: "*Que o fogo traga clareza e desperte sua energia*".
- Molhe levemente os dedos na água e toque os símbolos, dizendo: "*Que a água purifique e traga a fluidez dos ciclos naturais*".
- Toque o sal ou a terra e esfregue delicadamente nas peças, dizendo: "*Que a terra conceda firmeza e conexão com os ancestrais*".
- Segure o ramo ou a folha e passe sobre o Ogham, dizendo: "*Que os ventos tragam sabedoria e orientação para este caminho*".

4. Ativação final:
   - Segure todo o conjunto do Ogham entre as mãos e visualize uma luz dourada envolvendo cada símbolo.
   - Peça a bênção dos espíritos das árvores e dos guias ancestrais para que o Ogham seja um canal de conhecimento, proteção e sabedoria.
   - Agradeça aos quatro elementos e apague a vela, sabendo que seu conjunto agora está consagrado e pronto para uso.

## O uso das cores das velas na magia celta

Na tradição celta antiga, não existiam velas coloridas, pois a cera natural e o sebo de animais eram os materiais disponíveis. No entanto, com a evolução da magia moderna, as cores passaram a ser associadas aos elementos e aos significados espirituais, criando um sistema de correspondências mágicas inspirado na simbologia druídica e nas forças da natureza.

### *Tabela de cores das velas na magia celta*

| Cor da vela | Significado mágico | Correspondência celta |
|---|---|---|
| Branca | Pureza, proteção, conexão espiritual | Luz da lua, energia dos deuses e dos espíritos ancestrais |
| Preta | Banimento, transformação, mistérios | O Outro Mundo celta, os ciclos da morte e do renascimento |
| Vermelha | Força, coragem, paixão, vitalidade | O fogo da vida, energia guerreira e amor ardente |
| Verde | Prosperidade, fertilidade, crescimento | A terra fértil, os bosques e o renascimento da natureza |
| Azul | Sabedoria, intuição, tranquilidade | As águas sagradas, a inspiração e a visão profética |
| Amarela/ Dourada | Criatividade, clareza, poder pessoal | A energia do sol, da iluminação e do conhecimento |
| Prateada | Intuição, conexão com a lua e os mistérios | Os ciclos lunares e a influência dos deuses |
| Roxa | Magia, espiritualidade elevada, poder psíquico | A conexão com os druidas e a sabedoria ancestral |
| Marrom | Estabilidade, segurança, conexão com a terra | O carvalho sagrado e as raízes profundas da vida |
| Laranja | Motivação, sucesso, entusiasmo | A energia do fogo sagrado e a força dos festivais celtas |
| Rosa | Amor, harmonia, autocuidado, afeto | A energia do amor puro, o equilíbrio emocional e a cura do coração |

CAPÍTULO 6

# Os Símbolos Celtas e seus Significados

Os celtas utilizavam símbolos para representar conceitos sagrados, crenças espirituais e forças da natureza. Esses símbolos eram esculpidos em pedras, armas, joias e templos, sendo usados tanto na vida cotidiana quanto em rituais mágicos e religiosos. Muitos desses símbolos foram preservados e continuam a ser utilizados por praticantes da espiritualidade celta até os dias de hoje.

Cada um dos símbolos celtas carrega uma energia específica e pode ser utilizado em práticas espirituais para atrair proteção, força, sabedoria ou conexão com o divino.

## Principais símbolos celtas

Os celtas deixaram um vasto legado de símbolos, cada um carregando um significado profundo e místico. Muitos deles eram usados para proteção, conexão espiritual, representação de ciclos naturais e para honrar as energias da terra, do céu e do mar. Alguns foram preservados na tradição pagã, enquanto outros foram reinterpretados com a chegada do cristianismo. A seguir, estão alguns dos símbolos celtas mais conhecidos e seus significados.

## Triquetra – O Símbolo da Trindade Celta e da Interconexão

A Triquetra é um dos símbolos celtas mais antigos e sagrados, representando a interconexão entre três forças essenciais. Para os celtas, o número três possuía um significado profundo e estava presente em diversos aspectos de sua cultura e visão de mundo. O entrelaçamento contínuo da Triquetra simboliza o ciclo eterno da vida e a ligação inseparável entre seus três aspectos fundamentais.

A Triquetra possui múltiplas interpretações dentro da cosmologia e cultura celta, incluindo:

- **Os três ciclos da existência:** Nascimento, vida e morte, refletindo a natureza cíclica de todas as coisas.
- **Os três reinos do mundo celta:** Terra, mar e céu, que formam a estrutura do universo e representam a totalidade da criação.
- **Os três estados do ser:** Corpo, mente e espírito, destacando a importância da harmonia e do equilíbrio entre as diferentes dimensões da existência.
- **As três faces da soberania e da cultura celta:** Sabedoria, verdade e inspiração, princípios fundamentais da tradição druídica.
- **Os três sóis da cosmologia celta:** Passado, presente e futuro, simbolizando a continuidade e a interligação do tempo.

Com o passar dos séculos, a Triquetra também foi incorporada ao cristianismo na Irlanda, sendo reinterpretada para representar a Santíssima Trindade (Pai, Filho e Espírito Santo). Essa adaptação demonstra a forte presença do simbolismo triplo na tradição celta, que permaneceu vivo mesmo após a cristianização das terras gaélicas.

Os druidas – sacerdotes e guardiões da sabedoria celta – consideravam a estrutura tripla da Triquetra uma representação da ordem natural do universo. A tríade era um conceito central dentro de sua filosofia, refletindo a crença de que tudo na vida e na natureza ocorre em três partes interconectadas. Inscrições e artefatos celtas frequentemente apresentavam este símbolo, reforçando sua importância dentro das tradições antigas.

## Triskelion (Triscele Celta) - O Símbolo do Movimento e da Trindade

O Triskelion, também chamado de Tríscele, é um dos símbolos mais antigos da cultura celta, caracterizado por três espirais interligadas que representam o movimento contínuo da vida e do universo. Esse padrão cíclico reflete a dinamicidade da existência, sugerindo um fluxo constante de transformação e evolução. Para os povos celtas, o número três possuía um significado profundo, sendo associado à harmonia, ao equilíbrio e às forças complementares que regem a realidade.

O Triskelion pode ser interpretado de diversas maneiras dentro da cosmologia e da cultura celta, incluindo:

- **O ciclo eterno do tempo:** Passado, presente e futuro, demonstrando a continuidade da existência.
- **A harmonia entre os três mundos:** Físico, espiritual e mental, simbolizando a interconexão entre as diferentes dimensões da vida.
- **O dinamismo e a evolução:** Representa a força e a resiliência diante das mudanças, refletindo a ideia de progresso e adaptação constante.

- **As três grandes forças da natureza:** Terra, mar e céu, que formam a base do mundo celta e sua relação com os elementos naturais.
- **Os três aspectos do ser humano:** Vontade, ação e sabedoria, destacando o equilíbrio necessário para alcançar a plenitude.

Este símbolo aparece frequentemente em artefatos antigos, como escudos, moedas, pedras e inscrições sagradas, demonstrando sua importância na tradição celta. Algumas representações arqueológicas indicam sua ligação com a guerra e a proteção, enquanto outras o relacionam à dança ritualística e ao movimento dos astros, reforçando sua natureza dinâmica.

## Espiral Celta - O Símbolo do Movimento Cósmico e da Evolução

A Espiral Celta é um dos símbolos mais antigos da tradição celta, encontrada em monumentos megalíticos, pedras sagradas e inscrições rupestres que datam de milhares de anos. Seu design, composto por linhas curvas que se expandem a partir de um centro, reflete o movimento contínuo do universo, a ciclicidade da vida e a energia vital que flui através de toda a criação.

A presença da Espiral Celta em sítios arqueológicos sugere que este símbolo já era utilizado por culturas pré-célticas como uma representação do fluxo cósmico e da evolução da alma. Para os povos celtas, que tinham uma visão do mundo baseada na natureza cíclica da existência, a espiral era um símbolo da jornada do ser humano através do tempo, do crescimento e da renovação constante.

A Espiral Celta pode ser interpretada de diversas formas dentro da tradição e da cosmovisão celta:

- **Expansão da consciência:** Representa a busca pelo conhecimento e a conexão com os mistérios do universo.
- **Fluxo eterno da vida e dos ciclos naturais:** Simboliza o movimento do tempo, as mudanças das estações e a transformação constante da natureza.
- **Renascimento e crescimento:** Associados à ideia de que a vida é um processo contínuo de evolução, com momentos de fechamento de ciclos e novos inícios.
- **Movimento e progressão:** Diferentemente de um círculo fechado, a espiral está sempre em expansão, refletindo a noção de desenvolvimento e progresso.
- **A dança da criação:** Relacionada ao movimento das galáxias, dos ventos e das correntes marítimas, expressando a fluidez e o dinamismo do cosmos.

### *A Espiral Celta na cultura megalítica e druídica*

A Espiral Celta pode ser vista em templos megalíticos, como Newgrange, na Irlanda, onde foi esculpida em pedras há mais de cinco mil anos. Esse local, alinhado astronomicamente ao nascer do sol durante o Solstício de Inverno, demonstra a conexão do símbolo com os ciclos solares e a renovação da luz. Para os druidas, a espiral era um símbolo de continuidade e conexão com o fluxo energético do universo, aparecendo em joias, escudos e ornamentos rituais.

A forma da espiral também está presente em elementos naturais, como a estrutura das conchas, o crescimento das plantas e as galáxias do cosmos, reforçando sua ligação com as leis da natureza e o ordenamento do mundo. Os celtas viam essa relação como um reflexo da harmonia universal, em que tudo segue um padrão interligado de crescimento e transformação.

## Claddagh – O Símbolo Irlandês de Amor, Lealdade e Amizade

O Claddagh é um dos símbolos mais icônicos da Irlanda, representando amor, amizade e lealdade. Sua origem remonta ao vilarejo de Claddagh, na região de Galway, onde esse design surgiu como um símbolo de compromisso e união. Tradicionalmente, ele aparece em anéis e joias, sendo passado de geração em geração como um sinal de afeto e conexão duradoura.

Seu design é composto por três elementos principais, cada um carregando um significado profundo:

- **As mãos:** Representam a amizade e a conexão entre as pessoas, demonstrando que o amor verdadeiro nasce da confiança e do respeito mútuo.
- **O coração:** Elemento que simboliza o amor sincero, seja romântico, familiar ou fraternal, destacando a importância do sentimento puro e verdadeiro.
- **A coroa:** Expressa a lealdade e o compromisso, lembrando que a fidelidade e a honra são fundamentais para a construção de relações sólidas.

### *A origem e a história do Claddagh*

A origem exata do Claddagh não é totalmente documentada, mas a versão mais popular de sua história está associada a Richard Joyce, um ourives irlandês do século XVII. Segundo a lenda, Joyce foi capturado por piratas e vendido como escravo para um ourives na região do Mediterrâneo. Durante anos, ele aprimorou suas habilidades na arte da joalheria e criou o design do anel de Claddagh, inspirado no amor que deixou para trás na Irlanda.

Quando finalmente foi libertado e retornou à sua terra natal, Joyce ofereceu o anel à mulher que o esperara fielmente durante todo esse tempo. Essa história fez com que o anel de Claddagh se tornasse um símbolo de amor eterno e compromisso.

### *O Claddagh na cultura irlandesa*

Além de ser um símbolo romântico, o Claddagh também possui significado cultural e social na Irlanda. Os anéis de Claddagh são frequentemente passados como herança familiar, sendo oferecidos por mães às filhas ou avós aos netos como um símbolo de proteção e continuidade da linhagem.

No contexto dos celtas e dos antigos irlandeses, alianças e anéis eram considerados objetos carregados de significado espiritual, sendo utilizados não apenas como enfeites, mas como representações de vínculos e pactos duradouros.

### *O Claddagh e a tradição dos anéis de compromisso*

O Claddagh se tornou um dos anéis de compromisso mais tradicionais da Irlanda, sendo utilizado de maneiras diferentes conforme o estado civil da pessoa:

- Na mão direita, com a ponta do coração voltada para fora: Indica que a pessoa está solteira e aberta a um novo amor.
- Na mão direita, com a ponta do coração voltada para dentro: Significa que a pessoa está em um relacionamento.
- Na mão esquerda, com a ponta do coração voltada para dentro: Indica casamento ou um compromisso definitivo.

Essa tradição reforça a ideia de que o Claddagh não é apenas um ornamento, mas uma expressão visível de sentimentos e compromissos.

## Cruz Celta - O Símbolo da União entre o Sagrado e o Terreno

A Cruz Celta é um dos símbolos mais marcantes da tradição irlandesa, combinando a cruz cristã com o círculo solar, um elemento pagão que remonta aos tempos pré-cristãos. Essa fusão de influências reflete tanto a interconexão entre o divino e o mundo terreno quanto a continuidade dos ciclos da vida e da eternidade.

Embora a cruz tenha sido amplamente associada ao cristianismo após a conversão da Irlanda, sua presença em monumentos antigos e inscrições sugere que o símbolo já possuía significados espirituais na cultura celta antes da chegada do cristianismo. A introdução da cruz cristã pelos missionários, como São Patrício, não eliminou os conceitos anteriores, mas os incorporou à nova fé, resultando em um símbolo de fusão cultural e espiritual.

A Cruz Celta pode ser interpretada de várias maneiras dentro da tradição irlandesa e celta:

- **União entre o divino e o terreno:** Representa a fusão entre as forças espirituais e materiais, conectando o mundo visível ao invisível.
- **O círculo solar:** Símbolo do sol e da eternidade, reforçando a ideia de que a existência é cíclica e contínua.
- **Os quatro pontos cardeais:** Associados aos elementos naturais (terra, água, fogo e ar) e ao equilíbrio universal.
- **A proteção e a iluminação espiritual:** Frequentemente encontrada em monumentos antigos e pedras sagradas, sugerindo que era utilizada como um emblema de segurança e sabedoria.
- **Conexão entre o conhecimento ancestral e a espiritualidade moderna:** Seu uso contínuo na Irlanda e em comunidades de ascendência celta reflete a preservação da tradição ao longo dos séculos.

### *A origem e a história da Cruz Celta*

A origem exata da Cruz Celta não é totalmente clara, mas acredita-se que ela tenha evoluído de símbolos solares e cósmicos da era neolítica, sendo posteriormente assimilada pelo cristianismo celta. Muitas das cruzes de pedra encontradas na Irlanda e na Escócia datam do período medieval, servindo como marcos de locais sagrados e de reunião comunitária.

A lenda popular diz que São Patrício, ao evangelizar os povos celtas, teria combinado o símbolo da cruz cristã com o círculo solar, já venerado pelos antigos celtas, para facilitar a aceitação da nova fé. Essa narrativa reforça a ideia de que a cruz celta simboliza a fusão entre as crenças pagãs e cristãs, tornando-se um dos emblemas mais duradouros da cultura irlandesa.

### *A Cruz Celta na arte e na cultura irlandesa*

A Cruz Celta é encontrada em monumentos megalíticos, igrejas antigas, cemitérios e brasões. Seu design complexo, frequentemente adornado com padrões entrelaçados e motivos geométricos, reflete a estética da arte celta e sua tradição de representar o mundo por meio de símbolos sagrados.

Além de seu uso histórico, a Cruz Celta continua a ser um símbolo cultural e identitário, especialmente entre descendentes de povos celtas ao redor do mundo. Ela aparece em brasões familiares, joias e elementos decorativos, carregando consigo a essência da ancestralidade, da espiritualidade e da conexão com as raízes culturais.

## Chalice Well: O Poço Sagrado das Fadas e o Portal para os Mistérios

O Chalice Well, ou Poço do Cálice, é um dos símbolos mais sagrados e enigmáticos da tradição celta e druídica. Sua imagem, frequentemente representada por um círculo entrelaçado com a Vesica Piscis – um antigo símbolo da criação e da interseção entre os mundos –, carrega uma profunda conexão com os mistérios da espiritualidade celta.

Este símbolo representa o fluxo contínuo da vida, a harmonia entre os opostos e a presença do sagrado na natureza.

Localizado em Glastonbury, na Inglaterra, o Chalice Well é conhecido como o Poço Sagrado das Fadas, pois, segundo as lendas, suas águas são encantadas e guardam a energia dos reinos feéricos. Os celtas sempre associaram os poços e fontes naturais a portais para o Outro Mundo, onde os véus entre as dimensões se tornam mais finos, permitindo o contato com os espíritos da natureza, os ancestrais e os deuses antigos.

A simbologia do Chalice Well se une à tradição das águas sagradas, que na cultura celta representam purificação, cura e sabedoria. Seu formato circular remete à eternidade, aos ciclos da vida e à conexão com a energia divina. Como um símbolo mágico, ele nos ensina que a jornada espiritual não é linear, mas sim um fluxo contínuo, assim como as águas sagradas do poço.

### *Por que o Chalice Well foi escolhido como símbolo deste livro?*

O Chalice Well foi escolhido para a capa deste livro porque ele representa um portal para a sabedoria celta. É um lembrete de que a magia não é apenas um conceito, mas uma energia viva, que flui como as águas de uma fonte sagrada. Assim como o poço transborda sua essência sem cessar, este livro busca transmitir os mistérios da tradição celta, convidando aqueles que o abrem a mergulhar em seus ensinamentos ancestrais.

A roda girou, os véus entre os mundos se tornaram mais tênues e o cálice transborda. Beba da fonte da sabedoria celta, atravesse o portal e permita que a magia guie sua jornada.

## Awen - O Símbolo da Inspiração e da Iluminação Druídica

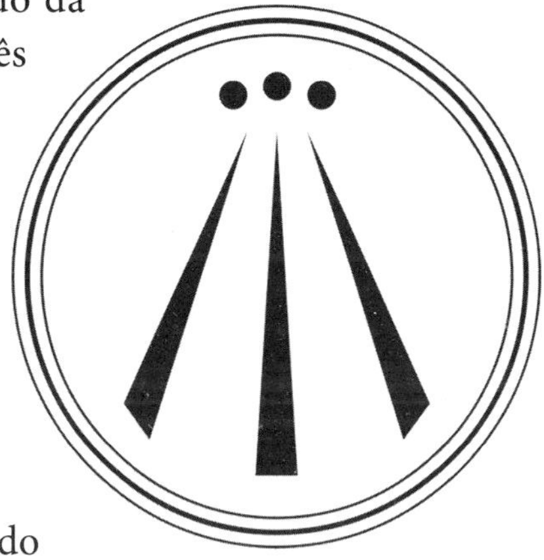

O Awen é um símbolo sagrado da tradição druídica, composto por três raios de luz irradiando de um ponto central. Seu nome, derivado do galês, significa "inspiração" ou "espírito fluindo", representando a busca pelo conhecimento, o despertar da mente e da alma e a harmonia entre forças opostas.

Embora seja amplamente associado ao renascimento moderno do druidismo, sua essência remonta à antiga visão celta da inspiração divina, especialmente ligada aos bardos, poetas e sábios que buscavam a verdade e a iluminação. Na tradição celta, a palavra falada e cantada tinha grande poder, e o Awen simbolizava a inspiração que permitia aos bardos transmitir conhecimento e conectar-se ao divino.

O Awen pode ser interpretado de diversas formas dentro da espiritualidade e da filosofia druídica:

- **Os três raios de luz:** Representam equilíbrio, sabedoria e inspiração divina, formando um triplo princípio de manifestação e conhecimento.
- **Harmonia entre os opostos:** O equilíbrio entre luz e escuridão, masculino e feminino, terra e espírito, refletindo a interconexão de todas as coisas.
- **A conexão com o universo:** Simboliza a energia cósmica fluindo livremente, guiando a jornada do aprendizado e da autodescoberta.
- **A busca pela verdade e pelo conhecimento:** Reflete a importância da sabedoria na tradição druídica e celta, destacando a inspiração como um dom sagrado.
- **A força criativa e espiritual:** Ligado à arte, poesia, música e ao despertar da percepção intuitiva, revelando verdades ocultas.

### *Awen na cultura druídica*

O conceito do Awen é profundamente enraizado na tradição dos druidas, que viam a inspiração como uma energia sagrada concedida pelos deuses e pelos espíritos da natureza. Os bardos, que desempenhavam um papel essencial na preservação oral dos mitos e ensinamentos celtas, buscavam o Awen para compor poesias, relatar histórias heroicas e interpretar os mistérios do universo.

Na arte e na simbologia celta, o Awen aparece como três linhas convergentes cercadas por um círculo, indicando a unidade entre mente, corpo e espírito. Ele também é encontrado em manuscritos, brasões e templos modernos dedicados ao estudo do druidismo.

Com o passar dos séculos, o Awen se tornou um símbolo da busca pelo autoconhecimento e pelo despertar espiritual, sendo adotado por aqueles que desejam expandir sua consciência e se conectar com os mistérios do universo.

CAPÍTULO 7

# Práticas Mágicas Celtas e Feitiços Ancestrais

A magia celta era profundamente conectada à natureza, aos ciclos sazonais e aos espíritos ancestrais. Os celtas acreditavam que todas as coisas possuíam um espírito, incluindo rios, árvores, pedras e animais. Dessa forma, sua prática mágica não envolvia apenas feitiços, mas também uma sintonia com os ritmos da Terra.

A prática mágica celta incluía encantamentos, rituais de proteção, bênçãos, poções e o uso de ervas e símbolos sagrados. Os druidas, como sacerdotes e guardiões do conhecimento, desempenhavam um papel essencial na condução de rituais e na orientação espiritual da comunidade.

## Os elementos na magia celta

Os celtas trabalhavam com os Quatro Elementos da natureza em seus rituais:

- **Terra**: Representa a estabilidade, a proteção e a força ancestral. Usada em rituais de fertilidade, prosperidade e cura.
- **Água:** Ligada às emoções, à intuição e ao mundo espiritual. Utilizada em feitiços de purificação, sonhos e amor.
- **Ar:** Simboliza o conhecimento, a comunicação e a conexão com os deuses. Invocado em rituais de sabedoria e inspiração.
- **Fogo:** Associado à transformação, à paixão e à proteção. Presente em feitiços de coragem, energia e renovação.

## Feitiços e encantamentos celtas

Os feitiços e rituais a seguir são baseados na rica tradição celta, com encantamentos e práticas que os antigos celtas utilizavam para se conectar com as forças da natureza, invocar proteção, cura e transformação. Acreditava-se que as palavras, pronunciadas na língua ancestral celta, possuíam um poder único capaz de moldar a realidade e influenciar o destino. Muitos desses feitiços eram passados oralmente, enquanto outros eram entalhados em pedras ou bastões de madeira, como símbolos de força e sabedoria.

Esses feitiços foram adaptados às minhas próprias práticas e vivências, incorporando minha jornada pessoal com a energia das antigas tradições celtas. Eles são uma mistura de respeito pelos antigos ensinamentos e a experiência adquirida ao longo dos anos em minha conexão com as forças naturais e espirituais. Que suas palavras e energias tragam a mesma proteção, cura e transformação que proporcionaram aos ancestrais celtas.

## Feitiço de Proteção com o Pinheiro

O pinheiro, com sua força silenciosa e sua presença imponente, é uma árvore que simboliza proteção, estabilidade e resistência. Suas raízes profundas e sua capacidade de resistir ao tempo fazem dele um guardião poderoso da energia espiritual e física. Ao invocar o pinheiro em um feitiço de proteção, você se conecta a essa força ancestral, criando um escudo invisível ao seu redor, que o protege de influências negativas e energias prejudiciais.

Este feitiço, realizado sob a luz da lua cheia, é uma oportunidade para se alicerçar na terra e se cercar pela força da natureza. Ao utilizar os elementos do pinheiro e da terra, você fortalecerá sua aura e criará um vínculo profundo com o mundo natural, trazendo segurança, serenidade e equilíbrio para sua jornada. Se você busca proteção espiritual e física, este feitiço oferece uma maneira poderosa de invocar a energia do pinheiro para acompanhar seus passos.

**Material:**

- Uma folha de pinheiro (ou um ramo pequeno)
- Um cordão verde ou marrom (representando a terra e a natureza)
- Sal grosso
- Uma vela verde ou dourada
- Um pedaço de papel em branco
- Caneta de cor preta ou verde

**Como fazer:**

1. **Preparação**: Em uma noite de lua cheia, escolha um espaço tranquilo e isolado, preferencialmente ao ar livre, perto de um pinheiro, ou, se não houver um pinheiro acessível, use um ramo ou uma folha de pinheiro que tenha sido recolhido com respeito à árvore.
2. **Visualização**: Acenda a vela verde ou dourada para simbolizar a proteção e a força da natureza. Segure o ramo ou a folha de pinheiro em suas mãos, feche os olhos e respire profundamente. Visualize uma luz dourada e forte envolvendo seu corpo, e imagine raízes se aprofundando na terra, conectando você à energia da natureza.
3. **Repetição do encantamento**: Passe o cordão verde ao redor da folha ou do ramo de pinheiro três vezes, repetindo com firmeza e concentração:

   *"Que a força do pinheiro me envolva,*
   *Proteja meu ser e minha jornada,*
   *Como as raízes que ao chão se ancoram,*
   *Que minha energia seja sempre guardada."*

4. **Escrita do papel**: Pegue o pedaço de papel em branco e escreva, com a caneta preta ou verde, uma intenção clara de proteção. Pode ser algo como: "Que eu esteja seguroe protegido contra qualquer mal", ou qualquer outro desejo pessoal de proteção.

5. **Enterrando a magia**: Coloque o papel escrito sob a folha de pinheiro ou dentro do ramo. Enrole o cordão ao redor da folha e do papel. Enterre tudo em um local seguro, como em um jardim, em um vaso de planta ou perto de um pinheiro, se possível. Ao enterrar, espalhe o sal grosso ao redor para selar a energia protetora e garantir que a magia se manifeste.
6. **Finalização**: Deixe a vela queimar completamente até o fim da cerimônia. Após o feitiço, agradeça ao pinheiro e à natureza pela proteção e permaneça em silêncio por alguns momentos, sentindo a energia protetora ao seu redor.

Este feitiço é uma poderosa maneira de invocar a proteção da árvore sagrada do pinheiro, que é conhecida por sua resistência, longevidade e ligação com a proteção espiritual e física. Ele ajuda a manter sua energia segura contra influências negativas, trazendo força e estabilidade.

## Feitiço celta para o amor com o símbolo do Claddagh

Este feitiço celta é um dos meus favoritos, não só pela sua simplicidade, mas pela poderosa energia de amor, lealdade e conexão que ele traz. O símbolo do Claddagh, com coração, mãos e coroa, é um verdadeiro talismã de amor verdadeiro e compromisso. Cada elemento do símbolo representa uma parte essencial de um relacionamento harmonioso: o coração para o amor profundo, as mãos para o apoio mútuo, e a coroa para a lealdade.

Quando realizo este feitiço, sinto uma energia acolhedora e protetora envolta em cada palavra e gesto. É como se a magia estivesse literalmente fluindo de dentro para fora, atraindo o amor genuíno para minha vida, seja para fortalecer os laços existentes ou abrir portas para novas conexões. A doçura do mel e a chama vermelha da vela criam uma atmosfera envolvente e poderosa,

perfeita para cultivar o amor de forma pura e sincera. Se você também deseja manifestar amor em sua vida, este feitiço é uma forma encantadora de trabalhar com as energias da natureza e do coração.

**Material:**

- Um anel ou medalhão com o símbolo do Claddagh (coração, mãos e coroa) ou uma imagem impressa do símbolo
- Uma vela vermelha
- Um pouco de mel
- Um pedaço de papel e caneta

**Como fazer:**

1. **Preparação:** Em um espaço tranquilo, acenda a vela vermelha, simbolizando o fogo do amor.
2. **Energia do símbolo:** Segure o anel ou medalhão do Claddagh, ou coloque a imagem impressa do símbolo diante de você. Focalize a energia do símbolo: o coração representa o amor verdadeiro, as mãos simbolizam amizade e apoio, e a coroa é a lealdade e o compromisso.
3. **Visualização:** Feche os olhos e visualize a energia do amor fluindo a partir do símbolo e envolvendo você com carinho e proteção.
4. **Escrita do papel**: Pegue o pedaço de papel e escreva, com a caneta, o desejo ou o tipo de amor que você quer atrair em sua vida. Pode ser amor romântico ou fortalecer o amor que já existe em sua vida.
5. **Despejando o mel:** Coloque o papel sob o anel, medalhão ou imagem impressa do Claddagh e despeje um pouco de mel sobre o papel, simbolizando a doçura e a atração do amor em sua vida.
6. **Repetição do encantamento:** Repita as seguintes palavras, se concentrando no desejo de trazer amor sincero e saudável para sua vida:

   *"Com o Claddagh, símbolo de amor e lealdade,*
   *Que o amor se manifeste de forma pura e verdadeira,*
   *Que o coração seja aberto, as mãos acolham e a coroa proteja,*
   *Atraindo o amor que me fortalece e me completa."*

7. **Finalização:** Deixe a vela queimar até o fim (sempre com segurança) e guarde o anel, o medalhão ou a imagem do Claddagh perto de sua cama ou seu lugar de descanso, como um amuleto para atrair e manter o amor genuíno.

## Ritual de conexão e equilíbrio com os Quatro Elementos

Este ritual é uma forma poderosa de restaurar e manter o equilíbrio em nossa vida, utilizando a sabedoria ancestral dos Quatro Elementos: Terra, Água, Ar e Fogo. Cada elemento possui uma energia única e essencial, que, ao ser reconhecida e integrada, pode ajudar a alinhar nossas emoções, nossa mente e nosso espírito. Ao realizar este ritual, você se conecta com a força primordial da natureza, trazendo estabilidade, clareza, purificação e vitalidade para seu ser.

Em cada etapa, você será guiado a entrar em sintonia com os elementos, sentindo sua presença e permitindo que suas energias se harmonizem dentro de você. O processo é simples, mas profundamente transformador, proporcionando uma sensação de renovação e fortalecimento. Seja em momentos de dúvida, incerteza ou simplesmente quando desejar reforçar sua conexão com o mundo natural, este ritual é uma poderosa ferramenta para restaurar a paz interior e o equilíbrio emocional.

**Material:**

- Um punhado de terra (preferencialmente da natureza, como do seu jardim ou de um local especial)
- Um recipiente com água pura
- Uma pena (de ave ou simbólica) ou incenso
- Uma vela vermelha

- Um cristal (preferencialmente quartzo claro ou ametista, para ajudar na conexão)
- Flores ou frutas frescas como oferenda

**Como fazer:**

1. **Preparação do altar:** Escolha um local tranquilo onde você possa se concentrar sem interrupções. Organize os Quatro Elementos de maneira harmoniosa em seu altar, formando um círculo ou quadrado:
    - A Terra, no lado esquerdo, representando estabilidade e nutrição.
    - A Água, no lado direito, representando purificação e fluidez.
    - O Ar (pena ou incenso), na parte superior, simbolizando expansão e comunicação.
    - O Fogo, à frente, representando transformação e ação.

2. **Conectando-se à Terra:** Segure o punhado de terra com ambas as mãos, feche os olhos e respire profundamente. Sinta a conexão com o solo e a estabilidade que ele traz. Toque a terra em sua pele e diga:

    *"Com a força da Terra, enraízo minha essência.*
    *Que suas raízes me sustentem e me tragam*
    *estabilidade em minha jornada."*

    Sinta o peso e a firmeza da terra ajudando a trazer equilíbrio e força para sua base interior.

3. **Purificação com a Água:** Mergulhe seus dedos na água, sinta a frescura e a leveza. Respire profundamente, permitindo que a água lave qualquer energia estagnada ou negativa. Diga:

    *"Com as Águas Sagradas, purifico meu ser.*
    *Que elas fluam livremente, lavando minhas*
    *inquietações e restaurando a paz dentro de mim."*

    Permita que a água se torne um canal de purificação, trazendo serenidade ao seu corpo e à sua mente.

4. **Expansão com o Ar:** Segure a pena ou o incenso em suas mãos e passe suavemente ao redor de seu corpo, criando uma energia de expansão ao seu redor. Sinta o ar ao seu redor preenchendo seu espírito com clareza e luz. Diga:

   *"Com os Ventos, expando minha consciência e mente.*
   *Que a brisa do ar traga novas perspectivas*
   *e o equilíbrio mental que tanto busco."*

   Permita que o ar dissolva bloqueios mentais e expanda sua percepção.

5. **Despertando o poder com o Fogo:** Acenda a vela vermelha, sentindo o calor e a energia do fogo. Olhe fixamente para a chama, sentindo-a iluminar o seu caminho e energizar sua vontade interior. Diga:

   *"Com o Fogo Sagrado, desperto minha força interior.*
   *Que a chama acenda minha paixão, clareza*
   *e ação para o equilíbrio e a harmonia."*

   Sinta o fogo energizar sua vontade, fortalecendo sua capacidade de transformar desafios em oportunidades de crescimento.

6. **Cristal de equilíbrio:** Segure o cristal em suas mãos, sentindo sua vibração. Visualize a energia dos quatro elementos fluindo através de seu corpo, alinhando e equilibrando sua energia interior. Coloque o cristal no centro do seu peito, sentindo a conexão profunda com todos os elementos. Diga:

   *"Com a ajuda dos Quatro Elementos,*
   *reequilibro minha mente, corpo e espírito.*
   *Que minha essência se alinhe com a harmonia do universo."*

   Permita que a energia do cristal amplifique o equilíbrio dos elementos dentro de você.

7. **Agradecimento e oferenda:** Após a conexão profunda com os elementos, agradeça a cada um deles por sua sabedoria e seu apoio. Coloque as flores ou frutas na natureza, como um gesto

de gratidão pelos dons que os elementos trouxeram para sua vida. Diga:

> *"Agradeço aos Elementos, à Terra, Água, Ar e Fogo.*
> *Que sua energia continue a guiar meu caminho*
> *e a restaurar meu equilíbrio interior."*

**Dica:** Este ritual pode ser feito em momentos de necessidade de renovação ou quando sentir que seu equilíbrio interno foi afetado. Realize-o com intenção profunda e conexão genuína com os elementos para restaurar harmonia e paz em sua vida.

## Feitiço celta para atrair prosperidade com a macieira

A maçã, em muitas tradições espirituais, é um símbolo profundo de abundância, sabedoria e prosperidade. Em particular, na lenda de Avalon – aquele reino místico e encantado – a maçã é reverenciada como um símbolo de transformação e conexão com o divino. Ela representa não apenas a riqueza material, mas também a abundância espiritual e o crescimento contínuo. Assim como as macieiras florescem e geram frutos, a energia da maçã em Avalon está ligada à renovação, ao ciclo eterno da vida e ao poder feminino que nutre e cria.

Este feitiço de prosperidade com a maçã visa trazer para a sua vida essa energia de Avalon, canalizando o poder de uma fruta sagrada que nutre, oferece proteção e gera abundância. Ao usar a maçã vermelha, a fita dourada e outros elementos do ritual, você estará não apenas atraindo prosperidade material, mas também se conectando à poderosa energia da terra e à sabedoria ancestral de Avalon. Ao integrar essa prática, você se abre para as bênçãos do universo, permitindo que as portas da abundância se abram de forma natural, fluida e constante, como o ciclo das estações e o florescer da macieira.

Que este feitiço traga não apenas riquezas tangíveis, mas também uma profunda conexão com o divino e com as forças naturais que regem a abundância, a saúde e a prosperidade em todos os aspectos da vida.

**Material:**

- Uma maçã vermelha (símbolo de abundância e prosperidade)
- Uma fita dourada (representando riqueza, sucesso e poder)
- Um pedaço de papel em branco e um lápis (para escrever suas intenções)
- Um prato ou recipiente pequeno para apoio
- Um cristal de citrino ou outro cristal relacionado à prosperidade (opcional)
- Incenso de canela ou outro incenso associado à abundância

**Como fazer:**

1. **Preparação do espaço:** Escolha um local tranquilo, onde você possa concentrar sua energia. Acenda o incenso de canela ou outro que você associe à prosperidade. O aroma ajudará a abrir o caminho para a energia de abundância.
2. **Defina suas intenções:** Pegue o pedaço de papel e o lápis e escreva com clareza o que você deseja atrair em termos de prosperidade. Seja específico e detalhado sobre suas intenções, seja para finanças, sucesso profissional ou crescimento pessoal. Ao escrever, visualize esses objetivos já manifestados em sua vida. Se preferir, você pode escrever algo como:

   *"Que a abundância, o sucesso e a prosperidade*
   *fluam para minha vida com harmonia e alegria.*
   *Que eu seja merecedor das bênçãos*
   *que o universo tem a oferecer."*

3. **Enrolando o papel:** Dobre ou enrole o papel escrito e o coloque dentro da maçã vermelha, simbolizando que seus desejos estão agora guardados e protegidos pela energia da fruta.

4. **Amarrando com a fita dourada:** Pegue a fita dourada e, com atenção e intenção, enrole-a ao redor da maçã, cobrindo o papel com suas intenções. Ao amarrar a fita, diga em voz alta:

   *"Assim como a macieira dá frutos abundantes,*
   *que minha vida seja preenchida de bênçãos e riquezas.*
   *Que a prosperidade cresça e se multiplique,*
   *como frutos que nascem em cada estação."*

   Visualize sua vida se tornando mais próspera e cheia de abundância, com tudo o que você deseja se manifestando de maneira rápida e fluida.

5. **Conexão com a terra:** Coloque a maçã amarrada com a fita dourada em um prato ou recipiente pequeno. Se possível, vá até o jardim ou a um espaço ao ar livre e coloque a maçã próxima a uma árvore, como símbolo de agradecimento à natureza e aos espíritos da terra. A árvore representa a prosperidade natural e o ciclo de abundância contínuo. Se não for possível fazer isso ao ar livre, você pode deixar a maçã em um altar dedicado à prosperidade ou em um local especial dentro de sua casa.

6. **Oferenda e gratidão:** Ao colocar a maçã, ofereça uma pequena oração de agradecimento, pedindo que os espíritos da terra e as forças do universo abençoem sua jornada e tragam prosperidade contínua para sua vida. Diga algo como:

   *"Agradeço à terra, ao universo e à macieira*
   *por me abençoar com sua abundância.*
   *Que minhas intenções se manifestem*
   *com harmonia e prosperidade.*
   *Que a abundância seja eterna, fluindo com*
   *facilidade e alegria em minha vida."*

7. **Finalizando o ritual:** Deixe a maçã com a fita dourada no local escolhido por sete dias. Durante esse período, concentre-se na ideia de que a prosperidade está fluindo para você. Quando os sete dias passarem, a maçã pode ser enterrada no solo ou

deixada em um jardim como oferenda. Se preferir, também pode ser depositada ao pé de uma árvore, simbolizando a fertilidade e o crescimento contínuo. Caso tenha usado um cristal, coloque-o perto da maçã durante o ritual para aumentar a energia da prosperidade.

**Dica:** Após o ritual, mantenha sua mente positiva e aberta para as oportunidades de prosperidade que se manifestarão em sua vida. Lembre-se de que a prosperidade não é apenas financeira, mas também em outras áreas, como saúde, relacionamentos e bem-estar.

## Ritual de força com Cernunnos para vencer medos

Este ritual é realizado para invocar a energia de Cernunnos, o deus cornífero da natureza, para fortalecer o espírito e vencer os medos internos, conectando-se com sua energia primal, de coragem e força. Cernunnos é o deus da fertilidade, dos animais selvagens e da transformação, e sua energia pode ajudar a enfrentar os desafios com coragem.

**Material:**

- Uma vela verde (simbolizando a conexão com a natureza e força)
- Um galho de carvalho ou ramo de plantas silvestres (representando a conexão com a terra e a energia de Cernunnos)
- Um ícone de Cernunnos ou uma imagem do deus (se não tiver uma, pode ser uma representação de um cervo ou qualquer símbolo de força e natureza)
- Uma pedra de hematita ou obsidiana (para proteção e ancoramento)
- Incenso de sândalo ou outro que traga sensação de proteção e limpeza energética
- Um pedaço de papel e lápis (para escrever seus medos)

**Como fazer:**

1. **Preparação do espaço:** Encontre um local tranquilo e silencioso onde você não será interrompido. Acenda a vela verde e o incenso de sândalo, permitindo que o aroma envolva o ambiente e prepare o espaço para o ritual.

2. **Conectar-se com Cernunnos:** Coloque o galho de carvalho ou ramo de plantas silvestres à sua frente, representando a força de Cernunnos e sua conexão com a terra. Sente-se confortavelmente, fechando os olhos e respirando profundamente. Visualize-se na floresta, rodeado por árvores ancestrais e pela energia selvagem dos animais. Sinta a presença de Cernunnos ao seu lado, com a energia do deus cornífero emanando força, coragem e estabilidade. Imagine suas raízes se conectando com o solo e, com isso, sentindo sua energia de vitalidade e proteção.

3. **Escrevendo os medos:** Pegue o pedaço de papel e o lápis. Escreva tudo o que você teme, seja em relação a si mesmo, à vida ou a qualquer situação que esteja o paralisando. Não deixe nada de fora, apenas escreva tudo o que vem à mente. Deixe seus medos fluírem para o papel.

4. **Transformação dos medos:** Dobre o papel com os medos escritos e o coloque sob a imagem de Cernunnos ou o símbolo do deus. Agora, segure a pedra de hematita ou obsidiana nas mãos e visualize a energia de Cernunnos circulando por seu corpo, trazendo proteção, força e a capacidade de transformar esses medos em coragem. Diga em voz alta:

*"Com a força de Cernunnos, que minha coragem cresça.*
*Que cada medo que eu carrego se transforme em poder.*
*Que minha alma se fortaleça com a energia selvagem da terra,*
*e que eu caminhe livre de medo e dúvida."*

5. **Purificação e proteção:** Coloque a pedra de hematita ou obsidiana perto de você, ou no bolso, enquanto deixa o símbolo de Cernunnos diante de você. Pegue a vela verde e, com as mãos, sinta a energia da chama como um campo de proteção que envolve todo o seu ser. Deixe a chama purificar e selar sua intenção de transformação e força.
6. **Finalização:** Permita que a vela queime até o fim (se possível) ou apague-a, guardando a intenção de força com você. Quando terminar, pegue o papel com os medos escritos e o enterre em um local seguro, como um jardim ou um espaço ao ar livre, simbolizando a liberação dos seus medos e sua transformação em poder.
7. **Agradecimento a Cernunnos:** Finalize o ritual com uma oração de agradecimento. Diga algo como:

   *"Cernunnos, deus da força e da natureza, agradeço por*
   *me guiar e me dar coragem para enfrentar os medos.*
   *Que eu sempre carregue sua energia de poder e transformação.*
   *Que minha jornada seja iluminada pela sua presença.*
   *Que assim seja."*

**Dica:** Após o ritual, continue a carregar a pedra de proteção com você como um lembrete constante de sua força interna. Sempre que sentir que o medo se aproxima, respire profundamente e imagine a energia de Cernunnos fortalecendo seu espírito e tornando você imbatível.

## Ritual de gratidão a Brigid – Senhora da Inspiração e da Cura

Este ritual é realizado para expressar gratidão a Brigid, uma das deusas mais veneradas da tradição celta, associada à inspiração criativa, à cura e ao fogo sagrado. Esse ato de devoção busca honrar sua energia e pedir por clareza, proteção e bênçãos de cura e criatividade. O ritual também visa fortalecer sua conexão com a força divina de Brigid.

**Material:**

- Três velas brancas (representando a luz e a presença de Brigid em todas as coisas)
- Um recipiente com água pura (representando a purificação e a fluidez das energias)
- Ervas de camomila (para cura e tranquilidade) ou alecrim (para proteção e clareza)
- Um incenso de lavanda ou sândalo (para purificação e elevação espiritual)
- Uma pedra de cristal (preferencialmente quartzo branco ou ametista) para canalizar a energia
- Papel e caneta (para escrever um agradecimento pessoal a Brigid)

**Como fazer:**

1. **Preparação do espaço:** Escolha um local tranquilo onde você possa realizar o ritual sem interrupções. Organize as velas brancas formando um triângulo em seu altar ou superfície plana, simbolizando a energia de Brigid que se expande e ilumina. Coloque o recipiente com água no centro do triângulo e adicione as ervas de camomila ou alecrim. Acenda o incenso de lavanda ou sândalo, permitindo que a fumaça se espalhe e purifique o ambiente, criando um espaço sagrado para o ritual.

2. **Invocação de Brigid:** Sente-se de forma confortável, feche os olhos e respire profundamente para acalmar sua mente. Ao respirar, visualize uma luz branca brilhante descendo sobre você, representando a presença de Brigid, a Senhora do Fogo Sagrado e da Inspiração. Abra as palmas das mãos e, com reverência, erga-as em direção às velas. Diga com o coração aberto:

   *"Brigid, Senhora da Chama Eterna, guardiã da cura,*
   *da criatividade e da sabedoria, eu te agradeço.*
   *Tu que iluminas meu caminho e trazes bênçãos*
   *de inspiração e cura, receba minha gratidão e prece."*

3. **Conexão com a água e a energia de Brigid:** Com as mãos levantadas, imagine a energia de Brigid fluindo para as águas do recipiente, purificando sua mente, seu corpo e seu espírito. Ao mergulhar os dedos na água, toque suavemente sua testa, pedindo clareza e proteção para sua jornada. Diga:

   *"Águas sagradas de Brigid, purifiquem meu ser*
   *e tragam clareza à minha mente.*
   *Protejam minha jornada e fortaleçam*
   *minha conexão com o divino."*

4. **Agradecimento pessoal a Brigid:** Pegue o papel e a caneta e escreva uma mensagem de agradecimento pessoal para Brigid. Agradeça por todas as bênçãos que ela já trouxe à sua vida e peça por mais inspiração, cura e proteção em seus caminhos. Seja sincero e detalhado, expressando sua gratidão por cada aspecto da vida que Brigid tocou. Quando terminar de escrever, segure o papel com as duas mãos e diga:

   *"Brigid, minha gratidão por tudo*
   *o que recebo de ti é eterna.*
   *Que tuas bênçãos de luz e sabedoria*
   *me acompanhem em cada passo do meu caminho."*

5. **Finalização e selamento da gratidão:** Coloque a pedra de cristal sobre o papel de agradecimento para canalizar e selar sua gratidão. Deixe a pedra sobre o papel por alguns minutos, sentindo

a energia de Brigid entrar em você por meio do cristal. Após esse tempo, guarde o papel em um local sagrado ou o coloque perto de seu altar como um lembrete diário de sua conexão com a deusa. Para concluir o ritual, recite uma última oração de agradecimento:

> *"Brigid, agradeço por sua presença*
> *constante em minha vida.*
> *Que eu continue a crescer*
> *sob a luz da tua chama.*
> *Que assim seja."*

6. **Despedida e integração:** Deixe as velas queimarem até o fim (se possível) ou apague-as com um movimento suave, agradecendo novamente pela presença de Brigid. Mantenha a pedra cristal perto de você, como um amuleto que irá continuar o protegendo e inspirando.

Este ritual de gratidão a Brigid é uma forma poderosa de honrar a deusa e fortalecer a conexão com os aspectos da inspiração e da cura em sua vida. Ao integrar esses elementos de Fogo, Água e Terra, você cria um espaço sagrado onde a energia de Brigid pode fluir livremente, trazendo equilíbrio e harmonia para o seu caminho.

## Ritual de harmonia e conexão com as fadas

Este ritual busca estabelecer uma conexão profunda e harmoniosa com as fadas e o povo Sidhe, os seres encantados do Outro Mundo. Ele visa trazer equilíbrio espiritual, magia e proteção ao seu caminho, além de fortalecer sua ligação com as energias invisíveis e misteriosas da natureza e do mundo espiritual.

**Material:**

- Uma vela lilás ou roxa (representando a conexão espiritual com o Outro Mundo)
- Flores frescas ou folhas de plantas, como trevo, campânula ou margaridas (símbolos de boa sorte e proteção das fadas)
- Um cristal de ametista, quartzo rosa ou pedra lunar (para abrir os portais espirituais)
- Um pequeno recipiente com mel (símbolo de oferta doce para os seres das fadas)
- Um pires ou prato (para oferecer o mel e as flores)
- Um pequeno espelho ou cristal em forma de gota d'água (como símbolo do portal para o Outro Mundo)

**Como fazer:**

1. **Preparação do espaço:** Encontre um local tranquilo e cercado por plantas, flores ou árvores, de preferência ao ar livre. Caso esteja fazendo o ritual em um ambiente fechado, certifique-se de ter por perto plantas e flores. Crie um círculo com as flores ou folhas ao redor da vela e do recipiente com mel. Se possível, acenda o incenso de mirra ou lavanda para purificar o espaço e abrir um caminho para os seres espirituais.

2. **Abertura do portal e invocação ao povo Sidhe:** Acenda a vela lilás ou roxa, focando na chama enquanto visualiza um portal brilhante sendo aberto à sua frente, levando você ao Outro Mundo, o reino das fadas e do povo Sidhe. Feche os olhos e respire profundamente, sinta-se tranquilo e em sintonia com a energia ao seu redor. Diga com voz firme e respeitosa:

   *"Espíritos do Outro Mundo,*
   *guardiões do reino das fadas,*
   *povo Sidhe, eu vos invoco.*
   *Que o véu entre os mundos se abra*
   *e que eu sinta vossa presença.*
   *Que nossa energia flua em harmonia,*
   *em sabedoria e em proteção."*

Concentre-se no simbolismo do espelho ou cristal que representa a passagem para o Outro Mundo e visualize um portal se abrindo à sua frente, uma porta dourada ou prateada que conecta os mundos físico e espiritual.

3. **Conexão com as fadas e o povo Sidhe:** Sente-se calmamente diante do altar e coloque a pedra sobre o prato ou pires. Segure-a em suas mãos, sinta sua energia vibrando. Toque a pedra suavemente com os dedos e diga:

   *"Povo Sidhe, fadas do Outro Mundo,*
   *com respeito e gratidão vos convido*
   *a compartilhar vossa sabedoria e energia.*
   *Que minha alma se abra para a magia e o encanto,*
   *e que vossa luz nos guie."*

   Durante esse momento, visualize seres de luz, pequenos como estrelas, flutuando ao redor de você, sentindo a presença delicada e mística das fadas. Sinta o fluxo de energia que conecta o reino humano ao reino das fadas, como se o véu entre ambos fosse finíssimo e facilmente transponível.

4. **Oferta e agradecimento:** Pegue o mel e despeje uma pequena quantidade no pires ou prato, oferecendo como um presente doce às fadas. Elas apreciam ofertas que simbolizam a harmonia e o bem-estar. Coloque também algumas flores ao redor do mel, como uma oferenda ritual. Diga com sinceridade:

   *"Eu vos ofereço este doce presente,*
   *como símbolo da minha gratidão e do meu respeito.*
   *Que minha conexão com vós seja pura,*
   *mágica e cheia de sabedoria.*
   *Que eu ande em harmonia com a natureza*
   *e com os seres do Outro Mundo."*

5. **Fechamento da conexão:** Sente-se em silêncio por alguns minutos e ouça o que a energia ao seu redor está transmitindo. Você pode sentir uma leve brisa, um sussurro suave ou até mesmo uma sensação de calma. Não apresse a experiência, deixe que

os momentos de harmonia se revelem naturalmente. Quando sentir que a conexão está completa, agradeça ao povo Sidhe e às fadas por sua presença e suas bênçãos. Diga:

> *"Agradeço ao povo Sidhe, às fadas e*
> *a todas as energias do Outro Mundo.*
> *Que minha conexão com vós seja forte*
> *e cheia de harmonia.*
> *Que assim seja."*

6. **Fechamento do portal:** Apague a vela, sentindo que o portal entre os mundos é fechado suavemente. Guarde o cristal ou espelho em um local sagrado ou onde você possa acessá-lo para proteger sua conexão com o reino espiritual. Se desejar, deixe as flores ao redor do pires na natureza, como uma oferenda permanente aos seres das fadas.

Este ritual busca criar uma conexão profunda e respeitosa com o povo Sidhe e as fadas, abrindo portas para o Outro Mundo e trazendo sabedoria, proteção e magia. Ao realizá-lo, você estará alinhando sua energia com a natureza, permitindo que a harmonia entre os mundos espiritual e físico flua de maneira suave e poderosa.

## Simpatia celta para proteção espiritual com o Triskelion

O Triskelion, com sua energia de movimento e crescimento, também é um poderoso símbolo de proteção e equilíbrio. Este ritual visa fortalecer a sua proteção espiritual, afastando energias negativas e criando um campo de força ao seu redor.

**Material:**

- Três pedras ou cristais protetores (como turmalina negra, obsidiana ou ametista)
- Uma vela branca ou preta (para purificação e proteção)
- Uma folha de papel e um lápis

- Um prato de cerâmica
- Um pouco de sal grosso (opcional, para selar a proteção)

**Como fazer:**

1. **Desenho do símbolo e preparação do altar:** No papel, desenhe o símbolo do Triskelion, visualizando sua energia como um escudo protetor ao redor de você. No centro do papel, escreva sua intenção de proteção espiritual, algo como: "Que o Triskelion me envolva em um escudo de proteção e afaste todas as energias negativas da minha vida".

2. **Arranjo no prato:** Coloque o papel no prato de cerâmica e, sobre ele, posicione as três pedras ou cristais, simbolizando a força da proteção triplicada. Caso tenha, você pode adicionar uma pitada de sal grosso ao redor das pedras para fortalecer a proteção.

3. **Acender a vela:** Acenda a vela branca ou preta, focando na chama e a visualizando como um fogo purificador que afastará qualquer energia negativa e estabelecerá uma barreira protetora ao seu redor. Diga com voz firme e calma:

   *"Com a força do Triskelion, abro caminho para a proteção.*
   *Que as energias negativas se afastem e*
   *que a luz da proteção me envolva completamente."*

4. **Meditação e concentração:** Feche os olhos por alguns minutos e visualize a energia das pedras e da vela criando uma esfera de luz ao seu redor, uma barreira de proteção que não pode ser quebrada. Sinta a presença do Triskelion, ajudando a reforçar seu campo energético.

5. **Finalização do ritual:** Deixe a vela queimar até o fim, mantendo o foco na energia da proteção durante todo o processo. Após a vela se apagar, guarde as pedras ou os cristais em um lugar seguro,

como sua bolsa ou no altar, onde sempre estarão prontos para reforçar sua proteção espiritual. O papel com o símbolo pode ser queimado com cuidado, liberando a energia para o universo, ou enterrado em um local seguro, selando sua intenção de proteção.

Este ritual, utilizando o poder simbólico do Triskelion, visa criar uma proteção espiritual sólida, afastando as energias negativas e fortalecendo o seu campo energético. Realize este feitiço sempre que sentir a necessidade de renovar sua proteção ou quando precisar de um aumento de força espiritual para enfrentar desafios.

## Ritual de libertação dos traumas com Rhiannon

Rhiannon, a deusa celta da cura, da transformação e da liberdade, é a guardiã dos cavalos mágicos que simbolizam a jornada e a evolução. Este ritual é voltado para a libertação dos traumas emocionais, ajudando a curar feridas passadas e a liberar energias estagnadas, permitindo uma nova jornada de crescimento e transformação.

**Material:**

- Uma vela roxa ou lilás (para cura e transformação)
- Uma imagem ou um símbolo de Rhiannon (pode ser uma representação de um cavalo ou da deusa)
- Uma tigela com água limpa
- Um punhado de sal grosso (para purificação)
- Um pedaço de papel e lápis

**Como fazer:**

1. **Preparação do espaço:** Crie um espaço tranquilo onde você possa se concentrar sem interrupções. Coloque a imagem ou o símbolo de Rhiannon em frente a você, de forma que fique visível durante o ritual. Se não tiver uma imagem específica, um desenho ou símbolo que represente a liberdade e a cura é o suficiente.

2. **Acender a vela:** Acenda a vela roxa ou lilás, simbolizando a transformação e a cura. Visualize a chama da vela como uma luz que traz conforto e clareza, dissipando as sombras do trauma.
3. **Preparando a água:** Coloque a tigela com água limpa em frente à vela. Adicione uma pitada de sal grosso à água, purificando a energia. Imagine que a água absorve as energias pesadas e se torna um meio de purificação e liberação.
4. **Escrevendo e liberando:** Pegue o pedaço de papel e escreva seus traumas ou aquilo que você deseja liberar. Pode ser uma situação, um medo ou uma emoção que precisa deixar para trás. Com cada palavra escrita, visualize essas energias se desintegrando e se libertando de sua alma.
5. **O ritual de libertação:** Depois de escrever, segure o papel com as mãos e o coloque sobre a água salgada. Diga em voz alta:

   *"Rhiannon, deusa da libertação,*
   *com teu poder e tua graça, ajude-me*
   *a deixar para trás o que me impede de seguir em frente.*
   *Que as águas purifiquem minha alma,*
   *que os ventos da transformação tragam a liberdade."*

   Deixe o papel na água por alguns minutos, absorvendo a energia de liberação e cura.
6. **Conexão com Rhiannon:** Feche os olhos e visualize Rhiannon em sua forma divina, rodeada pelos cavalos mágicos. Imagine-se montando um desses cavalos e cavalgando por uma vastidão aberta, livre das correntes do passado. Sinta o vento da liberdade e da cura envolvê-lo, enquanto os traumas se dissolvem e você se sente cada vez mais leve e em paz.

7. **Encerramento:** Após alguns minutos, retire o papel da água e o deixe secar ao ar livre ou queime com cuidado, liberando completamente as energias negativas. Se preferir, pode enterrar o papel na terra como uma forma de selar a liberação. A água restante pode ser despejada na terra, simbolizando a cura profunda e a transformação.

Este ritual com Rhiannon traz a libertação dos traumas emocionais, permitindo que você se recupere e siga em frente com mais leveza. Ao honrar a deusa da transformação e da liberdade, você se conecta ao poder de cura do universo, liberando aquilo que não serve mais e abrindo espaço para novas experiências e crescimento espiritual.

## Magia para atrair amor e harmonia com Aengus Mac Óc

Aengus Mac Óc, o deus celta do amor e da beleza, é conhecido por sua capacidade de atrair e manifestar o amor verdadeiro. Este ritual visa chamar a energia do amor puro e harmonioso para sua vida e fortalecer os laços amorosos.

**Material:**

- Uma vela verde ou vermelha (representando o amor e a abundância)
- Três flores de rosa vermelha (símbolo do amor verdadeiro)
- Um punhado de jasmim ou lavanda (para harmonia e atração)
- Um pequeno frasco de vidro (ou um pequeno pote de cerâmica)

**Como fazer:**

1. **Preparação do espaço:** Encontre um local tranquilo onde você possa se concentrar sem distrações. Coloque a vela, o frasco e todos os materiais à sua frente.
2. **Acendendo a vela:** Acenda a vela verde ou vermelha, visualizando a chama como a luz que atrai e nutre o amor verdadeiro.

Imagine o calor da vela envolvendo você em uma aura de atração e harmonia, conectando-se à energia de Aengus.

3. **Conexão com Aengus:** Segure as três rosas vermelhas nas mãos e feche os olhos. Concentre-se no seu coração, respirando profundamente. Visualize Aengus Mac Óc em sua forma divina, com seu olhar amoroso e gentil, estendendo suas mãos para você. Sinta sua energia preenchendo o ambiente com beleza, harmonia e a pura essência do amor verdadeiro.

4. **Preparando o frasco:** Passe as rosas sobre a chama da vela, dizendo em voz baixa:

   *"Aengus, deus do amor e da beleza,*
   *traga para minha vida o amor verdadeiro e duradouro.*
   *Que a harmonia se faça presente em meu coração*
   *e em meus relacionamentos."*

   Coloque as pétalas de rosa vermelha, a lavanda ou o jasmim no frasco, visualizando seu desejo de amor e harmonia se materializando com cada elemento adicionado.

5. **Selando o frasco:** Feche o frasco com carinho, mantendo a energia de Aengus dentro dele. Segure o frasco entre suas mãos e diga:

   *"Que o amor de Aengus me guie e me envolva,*
   *trazendo harmonia e conexão verdadeira em minha vida."*

6. **Finalizando o ritual:** Deixe a vela queimar até o fim, se concentrando na chama e em seus desejos. Quando a vela apagar, pegue as ervas e faça um banho de atração com a energia que foi canalizada no ritual.

Este ritual com Aengus Mac Óc ajuda a atrair o amor genuíno e fortalecer os laços emocionais. Ao realizar este feitiço, você se conecta com a energia de Aengus, que desperta a beleza do amor verdadeiro, trazendo serenidade e alegria ao seu coração e à sua vida afetiva.

## Ritual de consagração do caldeirão com o poder de Cerridwen

Cerridwen é a deusa celta da sabedoria, magia, transformação e renovação, associada ao caldeirão mágico que contém o conhecimento profundo, o renascimento e os mistérios da vida e da morte. Este ritual visa consagrar um caldeirão com o poder de Cerridwen, transformando-o em um instrumento sagrado para trabalhar com magia, sabedoria e cura.

**Material:**

- Um caldeirão (pode ser de cerâmica, metal ou qualquer material que você sinta conexão)
- Uma vela preta ou roxa (simbolizando a transformação e a sabedoria)
- Um ramo de alecrim ou sálvia (para purificação)
- Uma pedra de ametista ou quartzo branco (representando sabedoria e proteção espiritual)
- Um punhado de ervas à sua escolha (alecrim, lavanda ou manjericão são boas opções)
- Uma tigela de água (representando a purificação)
- Um pedaço de papel e lápis (para escrever suas intenções)

**Como fazer:**

1. **Preparação do espaço:** Escolha um local tranquilo, de preferência perto da natureza, onde você possa trabalhar com calma. Organize todos os materiais ao redor do caldeirão.
2. **Purificação com alecrim ou sálvia:** Acenda a vela preta ou roxa e passe o ramo de alecrim ou sálvia pela chama, purificando o ambiente e o próprio caldeirão. Faça movimentos circulares no ar com o ramo, dizendo:

*"Com a fumaça sagrada, purifico este espaço e*
*este caldeirão, chamando a energia de Cerridwen,*
*a Senhora da Sabedoria e da Transformação."*

Passe o ramo ao redor do caldeirão e dentro dele, visualizando a energia da purificação o preenchendo.

3. **Invocação de Cerridwen:** Sente-se ou fique em pé diante do caldeirão e coloque suas mãos sobre ele, sentindo sua energia. Feche os olhos e respire profundamente. Concentre-se na chama da vela e imagine Cerridwen, a grande deusa, em sua forma divina. Visualize-a com seu caldeirão mágico, simbolizando a sabedoria que transforma e cura. Diga com voz firme e respeitosa:

    *"Cerridwen, Senhora da Sabedoria, Guardiã dos Mistérios,*
    *venho agora consagrar este caldeirão com o teu poder.*
    *Que ele seja um instrumento de transformação,*
    *aprendizado e magia divina.*
    *Que o conhecimento oculto flua através dele*
    *e que a energia da renovação preencha minha prática."*

4. **Consagração do caldeirão:** Pegue a pedra de ametista ou quartzo branco e a segure em suas mãos. Coloque-a dentro do caldeirão, dizendo:

    *"Com esta pedra, consagro o caldeirão*
    *como um canal de sabedoria e proteção espiritual.*
    *Que seu poder seja inquebrável*
    *e sua energia, pura e transformadora."*

5. **Intenção e energia:** Agora, pegue o pedaço de papel e escreva suas intenções, como:

    *"Que este caldeirão me ajude a acessar sabedoria profunda"*

    ou

    *"Que este caldeirão me guie em meus rituais de transformação".*

    Dobre o papel e o coloque dentro do caldeirão junto à pedra.

6. **Oferenda e finalização:** Coloque as ervas escolhidas (alecrim, lavanda, etc.) ao redor do caldeirão, dizendo:

*"Com estas ervas, fortaleço o poder do caldeirão,*
*e que sua energia de cura e magia*
*se manifeste em minha vida."*

Deixe o caldeirão em paz por algumas horas, permitindo que ele absorva a energia do espaço e da invocação. Quando terminar, deixe a vela queimar até o fim e coloque o caldeirão em um local sagrado, pronto para ser usado em seus rituais.

Este ritual de consagração com Cerridwen transforma o caldeirão em um instrumento poderoso para trabalhar com energias de magia, sabedoria e cura. Ao usar o caldeirão, lembre-se de honrar Cerridwen e de invocar sua energia de transformação e aprendizado, sabendo que você tem agora em suas mãos uma ferramenta sagrada para suas práticas espirituais.

## Ritual com Morrigan para se livrar dos inimigos

Morrigan é uma deusa guerreira e protetora da mitologia celta, associada à coragem, à batalha e à justiça. Ela também está intimamente ligada ao fim de ciclos e à transformação, sendo uma figura poderosa para ajudar a afastar inimigos e proteger contra energias negativas. Este ritual visa invocar a força de Morrigan para afastar inimigos, superar obstáculos e restaurar a paz.

**Material:**

- Uma vela preta (representando proteção e afastamento de energias negativas)
- Um espelho pequeno (para refletir e devolver as energias negativas)
- Uma pena preta (simbolizando a conexão com Morrigan e seu poder de transformação)
- Um pedaço de papel e lápis

- Uma tigela com água salgada (para purificação)
- Uma pedra de obsidiana ou turmalina negra (para proteção contra energias negativas)

**Como fazer:**

1. **Preparação do espaço:** Escolha um local tranquilo, onde você possa estar em silêncio e focado. Organize todos os materiais ao redor de você.

2. **Acendendo a vela:** Acenda a vela preta e a coloque em frente ao espelho pequeno. A chama da vela representa a força de Morrigan, iluminando a escuridão e afastando as forças negativas.

3. **Invocação de Morrigan:** Segure a pena preta em suas mãos e feche os olhos. Respire profundamente, conectando-se com sua energia e com a energia da deusa Morrigan. Visualize uma ave de rapina, como um corvo ou uma águia, sobrevoando seu caminho, guiando sua jornada com coragem. Diga com voz firme:

   *"Morrigan, Senhora da Batalha*
   *e da Transformação, venha em minha ajuda.*
   *Que teu poder afaste os inimigos e dissolva as energias*
   *que me impedem de seguir em paz.*
   *Que a força de tua sabedoria me proteja*
   *e me conduza à justiça."*

4. **Escrevendo a intenção:** No pedaço de papel, escreva os nomes ou a descrição dos inimigos ou obstáculos que você deseja afastar. Seja claro sobre suas intenções de proteção e justiça. Coloque o papel diante do espelho e diga:

   *"Que as energias negativas se reflitam e se dissipem.*
   *Que a luz da Morrigan dissipe a escuridão*
   *e traga proteção para minha vida."*

5. **Purificação e reflexão:** Pegue a tigela com água salgada e coloque a pedra de obsidiana ou turmalina negra dentro da água. Segure o espelho em suas mãos e, lentamente, o mova sobre a água,

refletindo as imagens das energias negativas que você deseja afastar. Diga:

*"Assim como a água reflete e purifica,*
*que a escuridão se dissipe e a paz seja restaurada."*

6. **Queimando o papel:** Segure o papel com os nomes ou as intenções e cuidadosamente o queime com a chama da vela preta. Quando as chamas tomarem o papel, visualize as energias negativas sendo consumidas e dissipadas, deixando espaço para a proteção e a justiça. Deixe as cinzas caírem sobre a água salgada, simbolizando o retorno das energias para o universo.
7. **Finalização:** Carregue a pedra de obsidiana ou turmalina negra com você como um amuleto de proteção. Coloque o espelho em um lugar seguro, simbolizando que a proteção e a justiça de Morrigan estão sempre presentes. Deixe a vela queimar até o fim, sempre em segurança, permitindo que o poder da deusa continue a agir sobre sua vida.

Este ritual com Morrigan ajuda a afastar inimigos e proteger sua energia, invocando a força da deusa para trazer transformação e justiça. Ao seguir o caminho de Morrigan, você cria um escudo protetor e se liberta das energias negativas, restaurando a paz e a harmonia em sua vida.

## Ritual de abertura de caminhos com o Ogham de Beith (bétula)

A bétula, ou Beith no Ogham, é uma árvore sagrada de renovação e purificação, associada a novos começos. Com sua casca branca e folhas finas, simboliza clareza e leveza, ajudando a remover bloqueios e trazer oportunidades. Na espiritualidade celta, a bétula é a árvore da luz, que ilumina os caminhos e transforma energias estagnadas em movimento.

Ao realizar o Ritual de Abertura de Caminhos com o Ogham de Beith, você invoca a força da bétula para dissipar obstáculos e abrir novas possibilidades em sua vida. Este ritual é uma poderosa ferramenta de renovação, trazendo clareza e fluidez para o seu caminho.

**Material:**

- Uma vela branca (representando luz e clareza)
- Uma caneta dourada ou verde
- Um pedaço de papel ou cartolina
- Uma tigela com água pura

**Como fazer:**

1. **Preparação do espaço:** Encontre um local tranquilo e limpo. Organize todos os materiais ao seu redor. Idealmente, faça o ritual ao ar livre ou perto de plantas para estar em sintonia com a natureza.

2. **Desenhando o símbolo de Beith na vela:** Com a caneta dourada ou verde, desenhe o símbolo de Beith (Ogham da bétula) diretamente na vela branca. Ao desenhar, concentre-se em sua intenção de abrir os caminhos bloqueados e criar novas oportunidades em sua vida. A vela representará a iluminação e clareza necessárias para esse processo.

3. **Acendendo a vela:** Coloque a vela acesa em um local seguro e se concentre na chama. Feche os olhos por um momento e visualize portas se abrindo à sua frente, com novas oportunidades e possibilidades fluindo para sua vida.

4. **Invocação:** Segure a vela com as duas mãos (com cuidado para não se queimar) e diga com confiança:

   *"Com a energia de Beith, abro os caminhos bloqueados,*
   *removo obstáculos e permito que a sorte*
   *e a abundância fluam em minha vida.*
   *Que o novo ciclo traga oportunidades e clareza.*
   *Que as portas se abram para meu crescimento."*

5. **Passando pelo fogo e água:** Segure o símbolo de Beith (desenhado na vela) e movimente a vela em direção ao fogo, rapidamente, permitindo que a chama simbolicamente purifique e transforme quaisquer bloqueios. Não deixe a vela perto da chama por

muito tempo – apenas o suficiente para sentir a conexão com a energia do fogo. Em seguida, coloque o símbolo da vela na tigela com água pura, mergulhando-o simbolicamente na fluidez da água para remover obstáculos e abrir os caminhos com suavidade. Sinta a energia da água limpando qualquer bloqueio, permitindo que as oportunidades fluam com mais facilidade.

6. **Secagem e armazenamento:** Deixe a vela queimar até o final, permitindo que sua luz continue iluminando o seu caminho. Após a vela terminar de queimar, guarde as sobras (como cera ou restos do símbolo) em um local seguro. Elas podem ser mantidas como um amuleto de sorte e proteção ou até mesmo enterradas em um local natural, como forma de consagrar a liberação dos obstáculos.
7. **Finalização:** Agradeça à energia de Beith pela abertura dos caminhos e pela proteção que ela oferece. Se desejar, pode usar a água purificada para borrifar o ambiente ou seu corpo como um símbolo da remoção de obstáculos e da fluidez de novas oportunidades.

Este ritual é uma poderosa ferramenta de transformação, utilizando a energia de Beith para abrir os caminhos da vida, criar oportunidades e fortalecer o fluxo de energia positiva.

## Ritual de conexão com Cailleach para sabedoria e transformação

Cailleach é uma antiga deusa céltica, associada ao inverno, à transformação e à sabedoria ancestral. Este ritual é voltado para se conectar com ela, buscando orientação em momentos de mudança, além de proteção e sabedoria profunda.

**Material:**

- Uma vela branca (representando a luz e a sabedoria)
- Uma pedra de obsidiana ou turmalina negra (para proteção e transformação)
- Um ramo seco de galho ou uma pequena árvore seca (representando a força e a conexão com a terra)
- Uma tigela de água fria (para simbolizar o inverno e a purificação)
- Um lápis e um pedaço de papel

**Como fazer:**

1. **Preparação do espaço:** Escolha um local tranquilo, idealmente ao ar livre, ou perto de uma janela de onde você possa observar a natureza ao redor. Coloque todos os materiais à sua frente e limpe o espaço de qualquer energia densa, se necessário.
2. **Acender a vela branca:** Acenda a vela branca e se concentre na chama. Visualize Cailleach, com sua energia poderosa e transformadora, começando a descer sobre você. Imagine a luz suave da vela iluminando sua mente e trazendo clareza para os próximos passos de sua jornada.
3. **Invocação de Cailleach:** Com as mãos sobre a pedra de obsidiana ou turmalina negra, feche os olhos e respire profundamente. Quando se sentir centrado, repita a seguinte invocação:

*"Cailleach, Mãe das Neves, Senhora da Sabedoria Ancestral,*
*que tua sabedoria me envolva e me guie.*
*Que o inverno me purifique, e que a transformação leve*
*embora as energias que não mais servem ao meu crescimento.*
*Que a força do inverno me proteja*
*e que eu encontre clareza em meus caminhos."*

4. **Conexão com a natureza e o elemento do inverno:** Segure o ramo seco de galho nas mãos e toque a água fria da tigela, sentindo a energia do inverno e da transformação. Mergulhe o ramo na água e visualize a água purificando e fortalecendo a energia da árvore, conectando-se com Cailleach. Deixe essa energia fluir de você para o galho e para a água, permitindo que as transformações aconteçam internamente.

5. **Escrever suas intenções:** Pegue o pedaço de papel e escreva qualquer situação ou obstáculo em sua vida que você deseja transformar. Seja específico, escrevendo com clareza o que precisa ser purificado ou removido. Pergunte a Cailleach por orientação e sabedoria.

6. **Queima do papel:** Dobre o papel e o segure sobre a chama da vela. À medida que o papel começa a queimar, visualize Cailleach usando o fogo para destruir todos os obstáculos, removendo as energias que não servem mais a você. Deixe o papel queimar até as cinzas caírem no prato.

7. **Fechamento do ritual:** Quando a vela terminar de queimar, agradeça a Cailleach pela sua sabedoria e pelo poder transformador. Para selar a conexão, segure a pedra de obsidiana ou turmalina negra em suas mãos e diga:

   *"Que as forças de Cailleach continuem a me proteger.*
   *Que o inverno me renove e que a sabedoria*
   *de minha jornada se revele.*
   *Estou pronto para a transformação*
   *e para seguir em frente com coragem."*

8. **Finalização:** Guarde a pedra em um local seguro como um amuleto de proteção. As cinzas do papel podem ser espalhadas ao vento, enterradas na terra ou jogadas em água corrente, simbolizando a liberação das energias passadas.

Este ritual é uma forma de se conectar com Cailleach e canalizar sua poderosa energia de transformação, aprendizado e purificação para remover bloqueios e avançar na jornada da vida com mais sabedoria e força.

## Ritual de proteção para viagens com Epona

Epona é a deusa celta dos cavalos, da fertilidade e da proteção, especialmente associada às viagens e ao bem-estar. Este ritual visa invocar sua proteção e suas bênçãos durante viagens, seja por terra ou por qualquer outro meio, garantindo segurança, boas energias e orientação ao longo do caminho.

**Material:**

- Uma vela verde ou azul (representando proteção e segurança)
- Uma imagem ou um símbolo de Epona (pode ser uma representação de um cavalo ou uma imagem de Epona)
- Um pedaço de corda (representando o vínculo com Epona e a jornada)
- Um pequeno frasco com sal grosso (símbolo de proteção)
- Uma tigela com água
- Uma pena branca (representando a pureza e a ligação com os elementos do ar)

**Como fazer:**

1. **Preparação do espaço:** Escolha um local tranquilo, de preferência perto de uma janela ou ao ar livre, onde você possa sentir a energia do ambiente. Coloque todos os materiais à sua

frente, criando um pequeno altar com a imagem ou o símbolo de Epona no centro.

2. **Acender a vela:** Acenda a vela verde ou azul, se concentrando na chama. Imagine a luz da vela como a proteção divina de Epona, envolvendo você em um escudo de segurança para sua jornada.
3. **Invocação de Epona:** Com as mãos sobre o símbolo de Epona ou a imagem de um cavalo, feche os olhos e respire profundamente. Quando se sentir centrado, recite a seguinte invocação:

   *"Epona, Senhora dos Caminhos,*
   *Protetora das Viagens e Guardiã dos Cavaleiros,*
   *venho pedir tua bênção e proteção.*
   *Que tuas patas firmem meu caminho,*
   *que tuas asas me guiem para longe do perigo.*
   *Em tua força e sabedoria, confio.*
   *Protege-me em minha jornada*
   *e que a viagem seja tranquila e segura."*

4. **Preparando o cordão de proteção:** Pegue o pedaço de corda e segure com as duas mãos, visualizando a energia protetora de Epona fluindo através dela. Diga:

   *"Que este cordão simbolize minha ligação*
   *com Epona e o caminho seguro à frente.*
   *Que, assim como o cavalo corre livre e protegido,*
   *eu também seja guardado e guiado por sua força."*

   Dobre o cordão em forma de círculo, ligando as duas extremidades para simbolizar a proteção contínua, e o coloque ao redor do frasco com sal grosso.

5. **Bênção da água e sal:** Pegue a tigela com água e coloque o frasco de sal grosso dentro dela. Com as mãos em volta da água, diga:

   *"Com a pureza da água e a proteção do sal,*
   *que Epona me envolva com sua força e sabedoria.*
   *Que o sal possa repelir os perigos*
   *e que a água me purifique para a jornada."*

6. **Conexão com os Elementos:** Pegue a pena branca e passe suavemente sobre a água, sentindo a energia do ar e da pureza de Epona entrando no processo. Diga:

   *"Epona, que o vento nos campos e os céus acima nos abençoem.*
   *Que o ar que respiro seja puro, claro e livre de obstáculos."*

7. **Carregar o amuleto de proteção:** Coloque o cordão ao redor do seu pescoço, bolso ou mala de viagem, como um amuleto de proteção. Mantenha o frasco com sal perto de você, como um símbolo contínuo de sua jornada segura.

8. **Finalização:** Agradeça a Epona pela proteção e pelas bênçãos que ela concederá durante sua viagem. Diga:

   *"Grata, Epona, pela tua força, proteção e sabedoria.*
   *Que meu caminho seja seguro*
   *e que a jornada seja guiada por tua mão divina.*
   *Que a paz e a harmonia estejam comigo a cada passo."*

9. **Despedida:** Deixe a vela queimar até o fim (em segurança) e depois guarde o amuleto de proteção para carregar durante a viagem. Se possível, espalhe as cinzas do sal e da água ao vento ou em um local especial, agradecendo à terra por sua proteção.

Este ritual, com a poderosa energia de Epona, ajudará a garantir que sua viagem seja segura, protegida e abençoada com boas energias. Ao confiar em sua força e sabedoria, você estará preparado para qualquer desafio que possa surgir ao longo do caminho.

## Ritual de estudos com Blodeuwedd e a energia da coruja

Blodeuwedd, a deusa celta da sabedoria, é associada à lua, à magia da floresta e à capacidade de se transformar e adquirir conhecimento. Ela é frequentemente ligada à coruja, um símbolo de sabedoria e clareza. Este ritual é ideal para ajudar a melhorar a concentração, abrir a mente para novos aprendizados e trazer clareza nos estudos.

**Material:**

- Uma vela branca ou roxa (representando a sabedoria e a iluminação)
- Uma coruja (pode ser uma pequena figura, uma imagem ou até uma pena de coruja)
- Um pedaço de papel e um lápis
- Um cristal de ametista ou quartzo branco (para clareza mental)
- Uma tigela com água
- Um incenso de lavanda ou alecrim (para ajudar na concentração)

**Como fazer:**

1. **Preparação do espaço:** Escolha um local calmo e silencioso, onde você possa se concentrar completamente. Coloque todos os materiais à sua frente. Se possível, acenda o incenso de lavanda ou alecrim, criando um ambiente de concentração e tranquilidade.
2. **Acender a vela:** Acenda a vela branca ou roxa, visualizando a luz de Blodeuwedd iluminando sua mente e abrindo um caminho de sabedoria. Deixe a vela acesa enquanto você se prepara para o ritual.
3. **Invocação de Blodeuwedd e da coruja:** Segure a imagem da coruja ou a pena em suas mãos, fechando os olhos e respirando profundamente. Quando se sentir totalmente centrado, recite a seguinte invocação:

*"Blodeuwedd, Senhora da Sabedoria e do Conhecimento,*
*que a tua energia ilumine minha mente.*
*Como a coruja que vê na escuridão,*
*que minha visão sobre os estudos se torne clara.*
*Que eu tenha discernimento, foco e clareza*
*para absorver o conhecimento."*

4. **Escrita da intenção:** Pegue o pedaço de papel e o lápis. Escreva seus objetivos de estudo, o que deseja aprender ou entender com mais clareza. Se possível, escreva uma frase afirmativa, como:

   *"Que minha mente esteja aberta e receptiva ao conhecimento,*
   *que eu aprenda com facilidade e aproveite*
   *meu potencial máximo."*

5. **Colocando as energias juntas:** Coloque o papel com a sua intenção sob a vela acesa e ao lado da coruja ou da pena. Ponha o cristal de ametista ou quartzo branco ao lado do papel, permitindo que sua energia de clareza mental se una ao seu pedido.
6. **Purificação e conexão com a sabedoria:** Mergulhe os dedos na tigela com água e, com a energia da coruja e de Blodeuwedd, passe a água suavemente sobre o papel. Enquanto faz isso, diga:

   *"Que a água purifique minha mente,*
   *assim como a coruja purifica a visão.*
   *Que minha mente seja limpa e preparada*
   *para receber o aprendizado de que preciso."*

7. **Foco e meditação:** Feche os olhos por alguns minutos, se visualizando em um ambiente tranquilo, cercado pela energia de Blodeuwedd e da coruja. Imagine que a luz da vela está iluminando seu caminho e que cada palavra lida, cada conceito estudado, entra em sua mente com facilidade e clareza. Enquanto faz isso, respire profundamente e se concentre na sensação de foco e compreensão.
8. **Finalização:** Quando se sentir pronto, agradeça a Blodeuwedd e à coruja por sua ajuda. Diga:

*"Grata, Blodeuwedd, por iluminar*
*meu caminho de conhecimento.*
*Que a sabedoria e a clareza sejam*
*minhas guias enquanto estudo e aprendo.*
*Que minha mente seja tão afiada quanto*
*o olhar da coruja e tão aberta quanto a luz da lua."*

Apague a vela com gratidão. Guarde o papel com suas intenções e o cristal em um lugar onde você estuda, para que eles continuem a trazer clareza e foco.

Este ritual de conexão com Blodeuwedd e a coruja fortalecerá sua concentração, ajudará a liberar bloqueios mentais e promoverá uma maior clareza em seus estudos. Ao invocar essa energia, você se alinhará com o poder da sabedoria ancestral e com a visão aguçada da coruja, permitindo que absorva conhecimento com facilidade e precisão.

## Ritual de criatividade e inspiração com o símbolo Awen

O Awen é um poderoso símbolo celta de inspiração, criatividade e iluminação. Ele representa o fluxo da energia divina e a conexão entre o ser humano e o mundo espiritual. A prática de usar velas nos pontos do símbolo Awen pode ajudar a ativar essas energias e canalizá-las para um estado de criação e inspiração profunda.

**Material:**

- Três velas brancas ou amarelas (simbolizando a luz e a criatividade)
- Um pedaço de papel e um lápis
- Uma imagem ou o desenho do símbolo Awen
- Incenso de jasmim ou canela (para aumentar a inspiração)
- Cristal de citrino ou ametista (para ajudar a se conectar com as energias criativas)

**Como fazer:**

1. **Preparação do espaço:** Encontre um local tranquilo onde você possa se concentrar sem interrupções. Prepare o ambiente acendendo o incenso de jasmim ou canela, criando uma atmosfera propícia à criatividade e inspiração.

2. **Desenho do símbolo Awen:** No pedaço de papel, desenhe o símbolo Awen. O símbolo é composto por três linhas verticais que representam o fluxo de energia espiritual, com duas linhas horizontais que conectam essas energias. Coloque o papel na frente de você, de modo que o símbolo esteja claramente visível.

3. **Posicionando as velas:** Coloque as três velas nos pontos do símbolo Awen:
    - Coloque a primeira vela no topo do símbolo, representando o fluxo de inspiração e a conexão com o divino.
    - Posicione a segunda vela no ponto médio do símbolo, representando o equilíbrio e a harmonização da energia criativa.
    - Ponha a terceira vela na base do símbolo, representando a materialização da criatividade e a manifestação do que é criado.

4. **Acenda as velas:** Acenda uma por uma, visualizando a luz de cada vela ativando a energia do símbolo Awen e estimulando a criatividade e a inspiração dentro de você.

5. **Invocação da inspiração:** Quando as velas estiverem acesas, feche os olhos e respire profundamente, sentindo a energia das velas e do símbolo Awen emanar em sua direção. Em seguida, recite a seguinte invocação para ativar a criatividade e inspiração:

    *"Awen, fluam as energias divinas,*
    *que minha mente seja aberta e meu espírito iluminado.*
    *Que a luz de cada vela, em cada ponto deste símbolo sagrado,*
    *me conduza à criatividade infinita e à inspiração eterna.*
    *Que as energias de criação sejam despertadas*
    *em minha alma."*

6. **Conexão com a energia criativa:** Segure o cristal de citrino ou ametista nas mãos enquanto se concentra nas velas acesas e no símbolo Awen. Imagine uma luz dourada fluindo do topo do símbolo, descendo até a base, preenchendo seu ser com uma onda de inspiração criativa. Permaneça nesse estado de meditação por alguns minutos, permitindo que novas ideias, pensamentos criativos ou soluções para problemas venham à sua mente.
7. **Manifestação da criatividade:** Após meditar, pegue o lápis e o papel e escreva ou desenhe qualquer ideia ou *insight* que tenha surgido durante o ritual. Não se preocupe com a perfeição; deixe a inspiração fluir livremente. Se preferir, pode escrever sobre um projeto ou área da sua vida em que deseja criar algo.
8. **Finalização:** Quando sentir que a energia de inspiração foi suficientemente ativada, agradeça ao símbolo Awen e à energia das velas por sua ajuda. Diga:

   *"Gratidão pela inspiração recebida.*
   *Que o fluxo de criatividade continue fluindo*
   *através de mim e se manifeste no mundo*
   *de maneira plena e poderosa."*

Apague as velas com gratidão e guarde o papel com suas anotações ou criações em um local onde você possa revisitá-las quando precisar de mais inspiração.

Este ritual de ativação do símbolo Awen com velas fortalece sua conexão com a energia criativa e a inspiração divina. As velas, posicionadas nos pontos do símbolo, ajudam a canalizar a energia necessária para que você seja guiado por uma luz de criatividade pura, o ajudando a manifestar seus projetos e suas ideias mais profundas.

## Ritual celta de proteção com cruz de canela e fita vermelha

Este é um dos meus rituais favoritos, inspirado na sabedoria celta, que combina a energia protetora da canela com a força da fita vermelha. Ele é simples, mas poderoso, e traz uma sensação de segurança e equilíbrio, afastando as energias negativas e fortalecendo nossa proteção energética.

**Material:**

- Um ramo de canela (pode ser uma vara pequena ou um pedaço do tronco)
- Uma fita vermelha
- Uma vela preta ou vermelha
- Um punhado de sal grosso
- Uma tigela com água

**Como fazer:**

1. **Preparação do espaço:** Escolha um local tranquilo e acenda a vela preta ou vermelha, simbolizando a proteção e o afastamento de energias negativas.
2. **Criação da cruz:** Pegue o ramo de canela e, com a fita vermelha, amarre os dois extremos para formar uma cruz. A fita vermelha simboliza proteção e a força do fogo, enquanto a canela, conhecida por suas propriedades purificadoras, trará equilíbrio ao ritual.

3. **Consagração da cruz:** Segure a cruz de canela nas mãos e visualize uma luz dourada a envolvendo. Enquanto faz isso, diga em voz alta:

   *"Com a força da canela e a energia da fita vermelha,*
   *crio um escudo de proteção ao meu redor.*
   *Que nenhum mal entre, que minha energia*
   *seja mantida intacta."*

4. **Purificação com sal e água:** Coloque o punhado de sal grosso ao redor da vela, formando um círculo protetor. Em seguida, mergulhe os dedos na água da tigela e faça um círculo em torno da cruz de canela, dizendo:

   *"Águas puras, que o sal e a água criem um caminho de proteção.*
   *Que este círculo se mantenha forte e imbatível."*

5. **Posicionamento da cruz:** Coloque a cruz de canela em um local onde deseja estabelecer proteção, como na entrada da casa, perto da porta principal ou no local de descanso. Se possível, deixe-a perto de um objeto significativo, como um amuleto de proteção.

6. **Encerramento:** Deixe a vela queimar até o fim, absorvendo a energia da proteção enquanto visualiza a cruz de canela irradiando luz e energia positiva. Após o ritual, guarde a cruz de canela em um lugar seguro e siga com a sensação de segurança e proteção fortalecida.

Este ritual pode ser repetido sempre que sentir que precisa de proteção ou quando estiver em um momento de vulnerabilidade energética. A canela e a fita vermelha atuam como poderosos símbolos de purificação e afastamento de negatividade, criando um escudo ao seu redor.

## Ritual de invisibilidade mágica com as brumas de Avalon

Este ritual conecta você com as antigas brumas de Avalon, usando sua energia para criar um manto invisível contra magias e influências externas, tornando-o imune a ataques psíquicos ou mágicos.

**Material:**

- Uma vela roxa ou preta
- Um punhado de erva de lavanda ou alecrim
- Um pedaço de pano escuro (preto ou roxo)
- Um cristal de ametista ou obsidiana
- Água purificada (de preferência da natureza)
- Incenso de sândalo ou lavanda

**Como fazer:**

1. **Preparação do espaço:** Encontre um local tranquilo e acenda a vela roxa ou preta. Essa vela simboliza a proteção e a absorção de energias externas. Coloque o incenso de sândalo ou lavanda ao lado da vela para purificar o ambiente.
2. **O manto invisível:** Segure o pedaço de pano escuro nas mãos e feche os olhos, visualizando uma espessa neblina se formando ao seu redor, como as brumas de Avalon. Sinta-se envolvido por essa névoa mística, que esconde sua energia e bloqueia as intenções mágicas direcionadas a você. Diga em voz alta:

   *"Assim como as brumas de Avalon ocultam o visível,*
   *que eu seja invisível a todas as magias*
   *e influências externas."*

3. **Consagração com ervas e água:** Coloque as ervas de lavanda ou alecrim em um recipiente com água purificada. Ervas como essas ajudam a fortalecer a proteção psíquica e a purificar qualquer energia negativa. Mergulhe os dedos na água e, com a mente focada na invisibilidade, passe as mãos pela tela de tecido escuro, dizendo:

   *"Com a força das brumas,*
   *que minha essência se oculte do olhar mágico.*
   *Que a neblina de Avalon me envolva e me proteja."*

4. **Cristal de proteção:** Coloque o cristal de ametista ou obsidiana no centro do pano. Esses cristais são poderosos protetores e ajudam a manter a invisibilidade energética. Visualize a energia da bruma envolvendo o cristal, fortalecendo sua proteção. Diga:

   *"Que o cristal absorva toda a negatividade*
   *e me mantenha em um estado de invisibilidade.*
   *Que nenhuma magia me encontre."*

5. **Fechamento do ritual:** Deixe a vela queimar até o fim (ou por pelo menos 30 minutos). Enquanto a vela queima, visualize-se coberto pelas brumas, imune a qualquer ataque mágico. Após o ritual, guarde o pano com o cristal em um lugar seguro (como uma bolsa ou gaveta). Carregue-o com você ou o use sempre que precisar reforçar sua proteção.

6. **Encerramento:** Ao concluir o ritual, agradeça às energias das brumas de Avalon, dizendo:

   *"Gratidão pelas brumas que me protegem.*
   *Que eu permaneça seguro e invisível*
   *a magias e influências externas."*

Este ritual pode ser repetido sempre que sentir necessidade de se proteger de energias mágicas externas ou quando precisar de um espaço seguro. O manto invisível das brumas de Avalon cria uma camada de energia protetora ao seu redor, bloqueando qualquer ataque mágico direcionado a você.

## Ritual de gratidão e conexão com os deuses celtas

Os celtas mantinham uma forte relação com seus deuses, expressando gratidão por meio de oferendas, cânticos e rituais. Este ritual é uma maneira de fortalecer essa conexão, demonstrando respeito e abrindo caminho para bênçãos e proteção.

**Material:**

- Uma vela dourada (símbolo da energia divina e luz dos deuses)
- Uma taça com leite, vinho ou hidromel (representando a abundância e comunhão com o sagrado)
- Um pão ou bolo caseiro (fruto do trabalho e da terra, representando a prosperidade)
- Um incenso de mirra ou alecrim (purificação e elevação espiritual)
- Uma tigela com água pura (símbolo da renovação e fluxo divino)
- Flores, folhas ou grãos (para oferecer à terra em agradecimento)

**Como fazer:**

1. **Preparação do espaço:** Escolha um local tranquilo, ao ar livre ou próximo a um altar pessoal. Se possível, monte o altar com símbolos naturais, como pedras, folhas e madeira. Acenda o incenso para purificar o ambiente e criar um espaço sagrado.
2. **Acendendo a vela:** Acenda a vela dourada e posicione a taça e o pão ao lado, formando um triângulo com os elementos.
3. **Recitação:** Erga as mãos ou toque a terra, sentindo sua conexão com o divino. Recite em voz alta:

   *"Deuses antigos, aceitem minha gratidão.*
   *Que vossa sabedoria me guie,*
   *que vossa luz ilumine meu caminho*

*e que vossa força me proteja.*
*Hoje ofereço com alegria*
*aquilo que a terra me concedeu,*
*como sinal do meu respeito e devoção."*

4. **Oferenda:** Coloque as flores, as folhas ou os grãos na tigela com água, representando a união entre o material e o espiritual. Mantenha-se em silêncio por alguns instantes, sentindo a presença dos deuses e permitindo que sua gratidão seja transmitida. Deixe a oferenda por algumas horas e depois despeje o líquido na terra. O pão ou bolo pode ser compartilhado com alguém ou oferecido à natureza.
5. **Finalização**: Apague a vela, guardando-a para futuros rituais. Se desejar, anote em um caderno como se sentiu e qualquer *insight* que teve durante o ritual. Sempre agradeça aos deuses por sua presença e proteção.

Este ritual é uma forma simples e poderosa de fortalecer sua conexão com o divino, honrando a tradição celta e trazendo equilíbrio para sua jornada espiritual.

## Ritual de cura com o poder do Green Man

O Green Man, a figura ancestral que representa a força vital da natureza, a renovação e a cura, pode ser invocado para restaurar equilíbrio e saúde física, emocional e espiritual. Esse ritual conecta você com a energia da terra, dos ciclos naturais e das forças curativas do Green Man, promovendo a regeneração e a cura profunda.

**Material:**

- Uma vela verde (representando a energia da cura e da natureza)
- Um ramo de manjericão ou alecrim (plantas conhecidas por suas propriedades curativas)
- Uma tigela com água da natureza (se possível, de uma fonte natural ou da chuva)

- Um cristal de quartzo verde ou jade (cristais associados à cura)
- Uma folha ou um galho de eucalipto (para simbolizar a sabedoria do Green Man)
- Óleo essencial de lavanda ou eucalipto (opcional, para purificação e calma)

**Como fazer:**

1. **Preparação do espaço:** Encontre um local tranquilo, de preferência ao ar livre, ou crie um ambiente relaxante dentro de sua casa com plantas ao redor. Acenda a vela verde, que simboliza a energia da cura e da força vital da natureza. Se desejar, use o óleo essencial de lavanda ou eucalipto para purificar o ambiente, colocando algumas gotas em um difusor ou esfregando levemente nas mãos.

2. **Conexão com o Green Man:** Sente-se de forma confortável e respire profundamente. Feche os olhos e visualize a figura do Green Man, uma face esculpida em folhas e vinhas, olhando para você com uma expressão de sabedoria e cura. Imagine suas raízes se conectando profundamente à terra, como se você fosse parte dessa grande árvore que emana força e renovação. Diga em voz alta ou mentalmente:

   *"Green Man, Guardião da Cura e da Terra, me conecto com sua energia vital. Que a sua força me envolva e me cure."*

3. **Purificação com as ervas:** Segure o ramo de manjericão ou alecrim e visualize a energia curativa da planta fluindo através de suas mãos, limpando qualquer bloqueio ou energia negativa. Passe o ramo suavemente pelo seu corpo, começando pela cabeça e descendo até os pés. Ao fazer isso, diga:

*"Com a força da terra e o poder das plantas,*
*que minha saúde se renove e que a cura flua em meu ser."*

4. **Consagração com água e cristal:** Coloque o cristal de quartzo verde ou jade na tigela com água, simbolizando a purificação e a transmissão da energia curativa da natureza. Segure as mãos sobre a tigela, sentindo a energia curativa da água se conectando ao cristal e fluindo para o seu corpo. Diga:

   *"Águas sagradas da Terra, com o poder do Green Man,*
   *que minha alma e meu corpo se curem.*
   *Que minha vitalidade seja restaurada."*

5. **Ativação da cura com a folha ou galho de árvore:** Segure a folha ou o galho de eucalipto, sentindo a energia ancestral da árvore e o poder do Green Man fluindo através dele. Toque suavemente o galho ou a folha em sua pele, especialmente em áreas do corpo que necessitam de cura. Visualize a energia da árvore se fundindo com a sua, renovando sua vitalidade e trazendo equilíbrio. Diga:

   *"Assim como a árvore cresce e se renova,*
   *que minha saúde se regenere e meu corpo se fortaleça."*

6. **Fechamento do ritual:** Deixe a vela queimar até o fim. Enquanto isso, continue respirando profundamente e sentindo a energia de cura ao seu redor. Ao concluir, agradeça ao Green Man pela sua ajuda, dizendo:

   *"Agradeço, Green Man, por sua energia de cura e renovação.*
   *Que sua força me acompanhe em minha jornada*
   *de saúde e bem-estar."*

7. **Encerramento:** Guarde a folha ou o galho de eucalipto, o cristal e qualquer outro objeto simbólico em um lugar especial, onde você possa facilmente acessá-los quando precisar de cura ou renovação. Caso sinta necessidade, repita esse ritual sempre que buscar revitalização ou equilíbrio.

## Ritual celta de despertar da visão com Arianrhod

Arianrhod, deusa lunar da sabedoria e do destino, possui uma profunda conexão com os mistérios do universo e a clareza da visão interior. Este ritual visa invocar a energia de Arianrhod para expandir a percepção espiritual, abrir a mente para novas verdades e despertar a visão intuitiva. Pela luz da lua e sabedoria ancestral de Arianrhod, você será guiado a enxergar além do que é visível, acessando *insights* e intuições profundas.

**Material:**

- Uma vela prateada ou branca (simbolizando a luz da lua e a clareza espiritual)
- Um cristal de ametista ou lápis-lazúli (para amplificar a intuição e a sabedoria espiritual)
- Um espelho pequeno (representando a visão interna e o autoconhecimento)
- Uma folha de louro ou erva-doce (para sabedoria e clareza)
- Óleo essencial de sálvia ou lavanda (para purificação e abertura da mente)
- Uma folha de papel e caneta (para anotar os *insights* recebidos durante o ritual)

**Como fazer:**

1. **Preparação do espaço:** Escolha um local tranquilo, onde você possa se concentrar sem distrações. Se possível, faça o ritual à noite, quando a energia lunar está mais forte. Acenda a vela prateada ou branca, simbolizando a luz da lua. Coloque o espelho e o cristal de ametista ou lápis-lazúli ao seu redor, com o espelho

voltado para você. Use o óleo essencial de lavanda ou sálvia para purificar o ambiente, colocando algumas gotas em um difusor ou esfregando nas palmas das mãos e inalando profundamente.

2. **Invocação de Arianrhod:** Sente-se confortavelmente e feche os olhos. Respire profundamente para acalmar a mente. Visualize a luz suave e radiante da lua envolvendo todo o seu ser. Imagine Arianrhod, a deusa da lua e do destino, surgindo à sua frente, irradiando uma energia de sabedoria, clareza e visão profunda. Sinta sua presença iluminando sua mente e seu coração. Diga em voz alta ou mentalmente:

   *"Arianrhod, Senhora da Lua, da Sabedoria e da Visão,*
   *venho até você em busca de clareza.*
   *Que sua luz me conduza e desperte minha visão interior.*
   *Abra meus olhos para os mistérios do universo*
   *e me guie na jornada do autoconhecimento."*

3. **Purificação com o cristal e as ervas:** Segure o cristal de ametista ou lápis-lazúli nas mãos, sentindo sua energia calmante e expansiva. Visualize a luz do cristal se expandindo ao seu redor, limpando sua mente de qualquer neblina ou confusão. Em seguida, pegue a folha de louro ou erva-doce e passe suavemente sobre o cristal, simbolizando a purificação e a preparação para a visão espiritual. Diga:

   *"Com a energia do cristal e da erva,*
   *purifico minha mente e preparo minha visão para a sabedoria.*
   *Que Arianrhod me revele a verdade que reside além do visível."*

4. **Ativação da visão com o espelho:** Coloque o espelho em frente ao seu rosto e, suavemente, olhe nos seus próprios olhos. Permita que sua mente se acalme e sua visão se aprofunde. Imagine que, ao olhar no espelho, você está acessando não apenas o reflexo físico, mas também sua visão interna e espiritual. Sinta a presença de Arianrhod ao seu lado, ajudando a esclarecer sua visão e a abrir novos caminhos de compreensão. Diga:

*"Arianrhod, deusa da lua e dos mistérios,*
*permita que minha visão se amplifique.*
*Que eu veja não só com os olhos,*
*mas com o coração e a alma.*
*Que minha intuição seja guiada*
*pela luz de sua sabedoria."*

5. **Recepção de *insights*:** Feche os olhos por um momento e visualize um círculo de luz lunar ao seu redor, como se você estivesse dentro de uma bolha de energia lunar. Sinta essa luz expandindo sua mente e sua percepção. Pergunte a si mesmo sobre algo que deseja compreender ou sobre uma questão em sua vida que precise de clareza. Fique em silêncio e permita que qualquer *insight* ou intuição venha até você. Não force respostas; apenas esteja aberto para o que surgir. Quando os pensamentos ou imagens aparecerem, faça uma anotação no papel, como se estivesse recebendo uma mensagem direta de Arianrhod.

6. **Fechamento do Ritual:** Quando sentir que o ritual está concluído, agradeça a Arianrhod por sua presença e sabedoria. Diga:

   *"Agradeço, Arianrhod, por despertar minha visão*
   *e me guiar no caminho da clareza.*
   *Que sua luz continue a iluminar minha jornada*
   *e a expandir minha percepção."*

   Deixe a vela queimar até o fim (ou por pelo menos 30 minutos). Guarde o cristal, o espelho e o papel com os *insights* em um local seguro, como um altar pessoal ou em uma caixa de sabedoria, para consultá-los quando precisar de orientação ou clareza.

7. **Encerramento:** Sempre que desejar fortalecer sua visão intuitiva ou buscar sabedoria, repita esse ritual ou visualize a luz de Arianrhod iluminando seu caminho, abrindo sua mente para novas verdades e respostas.

CAPÍTULO 8

# Orações Antigas e sua Adaptação Moderna

Os celtas acreditavam no poder das palavras sagradas para se conectar com os deuses, os espíritos e as forças da natureza. Essas orações eram passadas de geração em geração, sendo entoadas em rituais, celebrações e momentos de necessidade. Com a chegada do cristianismo, muitas dessas preces foram adaptadas e preservadas em tradições populares. Nos dias de hoje, essas orações podem ser ajustadas para refletir a espiritualidade contemporânea, mantendo a essência celta viva. Utilizo palavras inspiradas nos antigos bardos e druidas para invocar proteção, sabedoria e orientação espiritual, fazendo essas orações sempre que preciso, ao acordar e antes de dormir. Também as levo anotadas para falar de forma intuitiva, quando necessário. Neste capítulo, divido com você algumas delas, para que possam fazer parte do seu dia a dia ou sempre que precisar.

### Oração de proteção dos druidas

*Ó antigos guardiões das florestas sagradas,*
*Que os ventos da sabedoria soprem sobre mim,*
*Que os rios da vida fluam ao meu redor,*
*Que o fogo ancestral me fortaleça,*
*E que a terra firme sustente meus passos.*
*Que as raízes do carvalho me concedam força,*
*Que a sabedoria da aveleira ilumine meu caminho,*
*Que o salgueiro me ensine a fluir diante dos desafios,*
*E que o teixo me proteja contra todo mal.*
*Que os espíritos da natureza me envolvam,*
*Que os deuses antigos me guardem,*
*Que as sombras se dissipem diante da minha luz,*
*E que nenhum mal encontre morada em meu ser.*
*Pelos poderes do Céu, da Terra e do Mar,*
*Pelos três reinos sagrados que sustentam o mundo,*
*Pela palavra que cria, fortalece e protege,*
*Estou seguro, estou forte, estou em paz.*
*Assim é, assim será.*

### Oração celta para paz e serenidade

*Ó espíritos das florestas e das montanhas,*
*Que o silêncio da terra acalme meu coração,*
*Que a brisa suave leve para longe minhas inquietações,*
*E que as águas cristalinas limpem minha mente.*
*Danu, mãe primordial,*
*Acolha-me em teu abraço de serenidade,*
*Ensina-me a confiar no fluxo da vida,*
*E a encontrar equilíbrio entre sombra e luz.*
*Que minha alma seja leve como as folhas ao vento,*
*Que minha paz seja profunda como os lagos sagrados,*
*E que eu caminhe com tranquilidade,*
*Sabendo que tudo se desenrola no tempo certo.*
*Que assim seja.*

### Oração celta para um sono tranquilo e restaurador

*Ó antigos guardiões da noite estrelada,*
*Que a lua ilumine meus sonhos com sua luz serena,*
*Que os ventos suaves tragam o canto dos bosques,*
*E que a terra sob mim me acolha em descanso profundo.*
*Brigid, envolva-me em tua chama protetora,*
*Danu, que tua energia flua em minha alma,*
*Morrigan, vigia meu espírito contra sombras,*
*E Arianrhod, guia-me pelas espirais do sonho.*
*Que os rios da noite levem minhas preocupações,*
*Que os galhos das árvores embalem meu repouso,*
*Que meu corpo se renda à paz da escuridão,*
*E que minha mente encontre silêncio e harmonia.*
*Nada me perturba, nada me aflige,*
*Pois estou sob a proteção da natureza e dos deuses,*
*E amanhã despertarei renovado e forte,*
*Pronto para caminhar sob a luz do novo dia.*
*Assim é, e assim será.*

### Oração celta para afastar energias negativas

*Ó antigos guardiões das colinas sagradas,*
*Que os ventos varram de mim toda sombra,*
*Que as águas levem embora o peso da alma,*
*Que o fogo sagrado consuma toda maldade,*
*E que a terra firme me proteja e me fortaleça.*
*Morrigan, guerreira do destino,*
*Afaste de mim aqueles que desejam o mal,*
*Cubra-me com teu manto de sombra e tempestade,*
*E que meu espírito permaneça invencível.*
*Que minha luz seja escudo,*
*Que minha força seja inabalável,*
*Que minha paz seja eterna,*
*E que nenhum mal cruze meu caminho.*

## Oração celta para abrir caminhos e superar obstáculos

*Ó deuses antigos, mestres dos ciclos e das marés,*
*Que o destino seja traçado com coragem e sabedoria,*
*Que as portas se abram diante de meus passos,*
*E que nenhum medo me impeça de avançar.*
*Arianrhod, Senhora das Estrelas e do Tempo,*
*Guia-me com tua luz pelo labirinto da vida.*
*Dagda, Senhor da Força e da Abundância,*
*Concede-me a energia para conquistar meu caminho.*
*Que os rios fluam e removam as barreiras,*
*Que os ventos soprem e afastem as dúvidas,*
*Que o fogo arda e fortaleça minha vontade,*
*E que a terra me sustente com firmeza e confiança.*
*Nenhum desafio será maior que minha essência,*
*Nenhuma sombra apagará minha luz,*
*Pois sou parte do eterno ciclo,*
*E sigo meu destino com coragem e fé.*
*Que assim seja.*

## Oração celta para atrair amor e harmonia

*Ó espíritos da natureza, que tecem os laços do destino,*
*Que o amor verdadeiro floresça em meu caminho,*
*Que minha alma resplandeça como a luz do sol,*
*E que meu coração se preencha de doçura e verdade.*
*Brigid, guardiã do fogo sagrado,*
*Acenda em mim a chama do amor puro,*
*Que ele seja livre como o vento,*
*Forte como a terra,*
*E profundo como o oceano.*
*Que minha energia atraia apenas o que for verdadeiro,*
*Que meus olhos enxerguem a beleza em cada ser,*
*E que minha vida seja envolvida por harmonia e compreensão.*
*O amor que busco já vive dentro de mim,*
*E, ao expandi-lo, ele retornará multiplicado.*
*Assim é, assim será.*

### Oração celta para prosperidade e abundância

*Ó deuses antigos, senhores da terra e da colheita,*
*Que a fartura se manifeste em meu caminho,*
*Que o ouro do sol ilumine minhas escolhas,*
*E que minha jornada seja próspera e justa.*
*Dagda, Senhor da Grande Cornucópia,*
*Derrame sobre mim tuas bênçãos,*
*Que meu trabalho gere frutos,*
*Que minhas mãos construam um futuro próspero.*
*Que as águas tragam oportunidades,*
*Que os ventos espalhem boas novas,*
*Que a terra firme sustente minha riqueza,*
*E que o fogo sagrado renove minha sorte.*
*Sou digno da abundância do universo,*
*E recebo com gratidão tudo o que me é concedido.*
*Assim seja.*

### Oração celta para agradecer e começar o dia

*Ó luz dourada que desperta a terra,*
*Que o sol renasça também dentro de mim,*
*Que meus passos sejam firmes como as raízes antigas,*
*E que minha voz ecoe com verdade e propósito.*
*Danu, mãe da criação, guie minha jornada,*
*Brigid, acenda a chama da inspiração em meu coração,*
*Dagda, fortaleça meu corpo e minha vontade,*
*E que os ventos de Arianrhod tragam clareza à minha mente.*

*Que os rios fluam sem obstáculos,*
*Que as folhas dancem ao ritmo do dia,*
*Que cada encontro traga sabedoria,*
*E que eu caminhe em equilíbrio entre céu e terra.*
*Sou parte da natureza e a natureza vive em mim,*
*Que este dia seja abençoado e cheio de luz,*
*Que eu veja a magia no simples e o sagrado no comum,*
*E que minha alma brilhe como o sol no horizonte.*
*Assim é, assim será.*

## Oração celta para proteção da casa e da família

*Ó guardiões do lar e dos laços de sangue,*
*Que esta casa seja sagrada e protegida,*
*Que a luz do sol entre e dissolva toda escuridão,*
*Que os ventos afastem tudo o que não pertence a este lugar.*
*Brigid, abençoe este lar com tua chama,*
*Que ele seja caloroso, próspero e harmonioso.*
*Duir, carvalho sagrado, fortaleça nossas raízes,*
*Que nenhuma tempestade abale nossa união.*
*Que os espíritos ancestrais protejam estas portas,*
*Que a terra firme sustente a paz entre estas paredes,*
*E que apenas amor e alegria habitem este espaço.*
*Esta casa é meu refúgio, minha fortaleza,*
*E nada que não seja luz aqui permanecerá.*
*Assim seja, assim será.*

## Oração celta para união e casamento

*Que os ventos suaves da vida nos guiem,*
*E que a terra sob nossos pés seja firme,*
*Que as águas do amor fluam entre nós,*
*E que o fogo da paixão arda com pureza e intensidade.*
*Com as bênçãos dos antigos deuses,*
*E com o espírito da terra e do céu,*
*Unimo-nos não apenas em corpo, mas em alma,*
*Fortalecidos pela sabedoria dos ancestrais.*
*Que nossa união seja como a árvore,*
*Raízes profundas, ramos que tocam o céu,*
*Crescendo juntos, em harmonia,*
*Para sempre firmes, para sempre unidos.*
*Que as estrelas que observam nossa jornada*
*Brilhem com luz suave e orientação,*
*E que o ciclo da lua nos guie,*
*Em todas as fases, juntos, de mãos dadas,*
*Até que o último suspiro nos separe.*

### Oração celta para quebrar maldições

*Com o poder dos antigos, eu chamo a força da terra,*
*Que as raízes profundas removam o mal que nos aflige.*
*Que o vento sopre longe as energias negativas,*
*E que a água purifique cada sombra de dor e medo.*
*Que o fogo sagrado destrua todas as correntes invisíveis,*
*Quebrando as amarras que nos ligam ao passado sombrio.*
*Com a luz das estrelas e o poder das luas,*
*Liberto-me de toda maldição e amarra espiritual.*
*Eu invoco os espíritos ancestrais e os guardiões da terra,*
*Que sua força proteja minha alma e coração.*
*Que a escuridão se dissipe com a chegada da luz,*
*E que a paz se estabeleça onde antes havia dor.*
*Que o ciclo da vida e da renovação me envolva,*
*E que a energia da cura se espalhe como raízes,*
*Restaurando equilíbrio, força e serenidade,*
*Com a bênção dos antigos, eu sou livre e protegido.*

### Oração celta para Belenus, para atrair o sol

*Ó Belenus, Senhor do Sol,*
*Que brilhas com a luz dourada do céu,*
*Que tua chama ilumine nossos caminhos,*
*E aqueça nossos corações com tua energia radiante.*
*Tu, que és a força da luz e do calor,*
*Que banhas a terra com tua presença sagrada,*
*Ergue o teu manto dourado sobre nós,*
*E traga o brilho da manhã para nossa jornada.*
*Que tuas chamas tragam a clareza,*
*A força e a renovação de que precisamos,*
*Que a luz de tua presença se espalhe por nossa vida,*
*E que, sob teu calor, tudo floresça e se renove.*
*Ó Belenus, nos abençoa com tua luz,*
*Que a escuridão se dissipe e a esperança se renove,*
*Que o sol brilhe em nossos corações,*
*E em nossa alma, a luz eterna de tua chama.*

**Oração celta para cessar a tempestade**

*Senhoras e Senhores dos Ventos,*
*Guardas do Céu e da Terra,*
*Que o poder dos elementos se aquiete,*
*E que a tempestade cesse em sua fúria.*
*Que os ventos se acalmem, que os trovões se calem,*
*Que a chuva cesse, e que o céu se abra em serenidade.*
*Que a força da terra e do ar tragam paz,*
*E que a calma se faça presente sobre nós.*
*A força da tempestade é grandiosa e sagrada,*
*Mas peço agora que seu poder se transforme em silêncio,*
*Que os ventos se tornem suaves, que o céu se clareie,*
*E que a paz reine sobre a terra e sobre nós.*
*Que os espíritos da natureza tragam equilíbrio e harmonia,*
*Que a tempestade se dissipe e que o sol volte a brilhar,*
*Que a terra seja restaurada, que a paz se faça.*
*Com gratidão, agradeço à Terra, ao Ar, à Água e ao Fogo.*

**Oração celta para alguém que faleceu**

*Ó antigos deuses e espíritos sagrados,*
*Que guiam as almas pelos caminhos do tempo,*
*Hoje elevo minhas palavras aos ventos,*
*Para aquele que partiu desta terra.*
*Que sua jornada siga pelos campos dourados,*
*Onde a névoa sutil encontra o sol nascente.*
*Que os rios sagrados o levem com suavidade,*
*E que as estrelas iluminem seu novo caminho.*
*Que Brigid o envolva em sua chama acolhedora,*
*Que Dagda sacie sua alma com abundância,*
*Que Morrigan guarde seus passos na travessia,*
*E que Danu o receba em seu abraço eterno.*
*Que sua memória floresça como as árvores antigas,*
*Que sua essência dance nos ventos suaves,*
*E que seu espírito encontre paz no Outro Mundo,*
*Onde o tempo não tem pressa e o amor nunca se desfaz.*

*Siga livre, siga leve, siga em paz,*
*Pois aqueles que amamos nunca nos deixam,*
*Eles vivem em cada folha que cai,*
*Em cada brisa que toca nosso rosto.*
*Que os deuses o guiem,*
*E que um dia nos reencontremos no eterno ciclo da vida.*

**Oração ao Espírito das Florestas para cura e renovação**

*Ó Espírito Ancestral das Florestas Sagradas,*
*Guardião das árvores antigas e dos riachos puros,*
*Acolha-me sob seu dossel verdejante,*
*E derrame sobre mim a força da vida.*
*Que as folhas murmurem palavras de cura,*
*Que os ventos suaves levem embora minhas dores,*
*Que a terra sob meus pés fortaleça meu espírito,*
*E que as águas cristalinas lavem todo o cansaço da alma.*
*Grande espírito das raízes profundas,*
*Que tua energia renove meu corpo e minha mente,*
*Que tua sabedoria desperte minha essência,*
*E que teu sopro me traga equilíbrio e paz.*
*Hoje me entrego à tua presença,*
*Deixo para trás o que não me serve mais,*
*E renasço como a árvore que floresce,*
*Nutrido pela tua força, protegido pela tua sombra.*
*Que assim seja, pois sou parte da floresta,*
*E a floresta vive em mim.*

CAPÍTULO 9

# Criando um Caminho Espiritual Celta

A espiritualidade celta não é apenas um estudo ou um conjunto de rituais, mas um caminho que pode ser vivido diariamente. Honrar os ciclos da natureza, respeitar os espíritos e os ancestrais e manter uma conexão com os deuses são práticas que fortalecem a relação com a tradição celta.

Muitos praticantes modernos adaptam esses ensinamentos à vida contemporânea, criando suas próprias práticas e rituais, sem perder a essência dos antigos druidas. Vamos ver agora como isso é possível.

## Princípios para um caminho celta autêntico

1. **Honrar a natureza:** Os celtas acreditavam que cada elemento da natureza é sagrado. Caminhar ao ar livre, plantar árvores e manter uma conexão com o meio ambiente são formas de honrar essa crença.
2. **Seguir os ciclos da Roda do Ano:** Celebrar os festivais celtas e reconhecer as mudanças sazonais fortalece a conexão com os ritmos naturais.
3. **Respeitar os ancestrais:** Criar um altar, realizar oferendas e lembrar daqueles que vieram antes é uma forma de manter viva a sabedoria ancestral.

4. **Praticar rituais simples**: Não é necessário realizar cerimônias complexas. Acender uma vela, entoar uma oração ou meditar ao ar livre já são formas de manter a tradição viva.
5. **Estudar e aprender constantemente:** A espiritualidade celta está sempre em evolução. Estudar mitos, símbolos e práticas permite aprofundar a conexão com esse caminho.

## Criando um altar celta

Montar um altar é uma maneira de estabelecer um ponto de conexão sagrado dentro de casa. O altar pode conter:

- **Símbolos celtas:** Triskle, triquetra, espiral, entre outros.
- **Elementos naturais:** Pedras, ervas, conchas e madeira.
- **Velas e incensos:** Representando os elementos e os deuses.
- **Imagens dos ancestrais:** Honrando aqueles que vieram antes.

## Ritual de dedicação à espiritualidade celta

Este ritual é ideal para aqueles que estão iniciando sua jornada espiritual celta de maneira consciente, buscando a conexão com os deuses, a natureza e a sabedoria ancestral. Ele ajuda a estabelecer um compromisso com o caminho espiritual e a honrar as forças que orientam e protegem essa caminhada.

**Material:**

- Uma vela verde ou branca (representando a energia de cura, equilíbrio e a pureza do propósito espiritual)
- Um pequeno recipiente com água (para simbolizar a purificação e a fluidez da jornada)
- Uma folha ou pedra da natureza (representando a sabedoria da terra e a conexão com os elementos naturais)
- Um incenso de lavanda ou sálvia (opcional, para purificação do espaço e elevação da vibração)

- Um cristal (como quartzo transparente ou ametista, para intensificar a conexão espiritual)

**Como fazer:**

1. **Preparação do espaço:** Escolha um local tranquilo, preferencialmente ao ar livre, onde você possa se conectar com a natureza, ou crie um ambiente acolhedor dentro de sua casa com plantas e elementos naturais ao seu redor. Acenda o incenso (se desejado) para purificar a energia do espaço.
2. **Acendendo a vela:** Acenda a vela verde ou branca com a intenção de estabelecer uma conexão pura e cheia de sabedoria. Respire profundamente, sentindo a energia da chama se aquecer e iluminar seu coração e sua mente. Feche os olhos por um momento e se visualize envolto pela luz da vela, sentindo sua conexão com as energias divinas e a natureza ao seu redor.
3. **Conexão com a natureza:** Segure a folha ou pedra da natureza em suas mãos, fechando os olhos e sentindo a energia do objeto. Deixe que a energia da terra flua para você, sentindo a conexão profunda com a sabedoria ancestral das plantas e pedras. Diga em voz alta ou mentalmente:

   *"Eu honro a natureza e os ciclos da vida.*
   *Reconheço a sabedoria que existe em cada ser da terra.*
   *Que eu seja guiado pelo poder da natureza*
   *e pelos ancestrais que vieram antes de mim."*

4. **Purificação com a água:** Toque suavemente a água, sentindo sua energia refrescante e purificadora. Se possível, ofereça uma palavra de gratidão à água, que é símbolo de vida e fluidez. Diga:

   *"Eu me comprometo a seguir o caminho*
   *com respeito, sabedoria e pureza.*
   *Que as águas sagradas lavem qualquer negatividade*
   *e me tragam clareza em minha jornada espiritual."*

5. **Manifestando a intenção:** Sente-se de forma confortável, com a vela acesa diante de você e a água à sua volta. Segure o cristal, caso tenha escolhido um, e o coloque sobre a água ou em sua

mão. Respire profundamente e se visualize seguindo o caminho espiritual celta, absorvendo os ensinamentos da natureza e das forças divinas. Concentre-se em suas intenções para essa jornada. Repita em voz alta ou mentalmente:

*"Eu me abro para a sabedoria ancestral e para as energias sagradas da Terra.*
*Comprometo-me a seguir com amor e reverência,*
*sempre respeitando os ciclos naturais e honrando*
*os espíritos que me guiarão."*

6. **Agradecimento e encerramento:** Agradeça aos deuses, espíritos e ancestrais por sua orientação e proteção ao longo de sua jornada. Diga:

*"Agradeço aos deuses, aos ancestrais*
*e à natureza pela sabedoria que me oferecem.*
*Que minha jornada seja repleta de luz,*
*equilíbrio e crescimento.*
*Que eu possa aprender com os ciclos da vida*
*e seguir com humildade."*

7. **Fechamento do ritual:** Deixe a vela queimar até o fim (ou por pelo menos 30 minutos), sentindo a energia da chama purificar e iluminar seu caminho. Após o ritual, guarde a folha ou pedra e o cristal em um lugar especial, como um lembrete de seu compromisso com a jornada espiritual celta. Você pode usar esses objetos em seus próximos rituais ou momentos de meditação para manter a conexão viva.

## Reflexão e continuidade do caminho espiritual

A prática espiritual celta é contínua e evolutiva. Ao integrar esse ritual em sua vida, você abre um portal para uma conexão mais profunda com as forças naturais e espirituais. No entanto, é fundamental lembrar que a verdadeira sabedoria não vem apenas de seguir rituais prontos, mas também de ouvir a sua própria intuição e permitir que ela guie a sua jornada. A espiritualidade celta nos ensina que cada ser é único, e, por isso, cada caminho espiritual também é único.

É essencial que você crie seus próprios rituais, com base nas suas necessidades e no seu relacionamento com a natureza e os deuses. Não se prenda a fórmulas ou a padrões estabelecidos. Confie em sua intuição e se permita ser guiado pelos ciclos que você mesmo vivencia. A espiritualidade celta está profundamente ligada à natureza cíclica da vida, e é nesse movimento natural que encontramos nossa própria força e renovação.

Ao construir seus próprios rituais, você pode adaptar os elementos da tradição celta de maneira pessoal, incorporando símbolos, plantas, cores e práticas que ressoem com você. Cada estação do ano, cada lua cheia ou nova, cada momento de mudança em sua vida é uma oportunidade para refletir, renovar e crescer espiritualmente. Esse processo contínuo de criação de rituais e de conexão com os ciclos da vida permite que você siga o seu próprio ritmo, honrando seus tempos e suas necessidades.

Mantenha um diário espiritual em que você possa registrar suas experiências, suas reflexões e seus *insights* enquanto segue esse caminho. Anote as inspirações que surgem em seus momentos de quietude e as ocasiões em que você sente o toque da magia em sua vida cotidiana. Ao registrá-las, você começa a perceber como as energias da natureza e os deuses se comunicam de maneiras sutis, mas poderosas, com você.

Lembre-se de que a sabedoria ancestral é acessível a todos, mas ela se manifesta de maneira única para cada um de nós. Ao seguir seus próprios ciclos, respeitando seu tempo interior e sua conexão pessoal com os elementos e as forças espirituais, você constrói uma prática espiritual que é autêntica e profundamente enraizada em quem você é. Cada passo dado com respeito e intenção trará mais equilíbrio, magia e entendimento para a sua vida, criando um caminho que é seu e que se alinha com a sabedoria do universo.

CAPÍTULO 10

# O Legado dos Celtas nos Dias de Hoje

A cultura e a espiritualidade celta continuam vivas nos dias atuais, influenciando práticas mágicas, festivais e a forma como nos conectamos com a natureza. Mesmo após séculos de transformações, os valores celtas de respeito à terra, aos ciclos naturais e à espiritualidade intuitiva ainda ressoam profundamente com aqueles que buscam um caminho de conexão ancestral.

Os ensinamentos celtas não pertencem apenas ao passado, mas podem ser aplicados no presente como uma forma de viver com mais consciência e harmonia com o meio ambiente e com nós mesmos. A busca pela sabedoria dos antigos druidas, o respeito pelos elementos da natureza e o contato com os deuses e espíritos da terra nos ajudam a compreender nossa própria jornada e propósito.

## O caminho espiritual e o autoconhecimento

Seguir um caminho celta na espiritualidade não significa apenas estudar mitos e rituais, mas sim viver de acordo com a energia e a filosofia dessa tradição. Com as práticas apresentadas neste livro – sejam rituais, celebrações sazonais, orações ou a conexão com os deuses –, cada pessoa pode encontrar sua própria forma de honrar e vivenciar essa sabedoria ancestral.

A magia celta nos ensina que somos parte da terra e do cosmos, que a natureza é nossa mestra e que a intuição é um guia poderoso. Honrar nossos ancestrais, respeitar a energia dos elementos e cultivar um relacionamento com os espíritos e as divindades celtas nos permite crescer espiritualmente e encontrar equilíbrio dentro e fora de nós.

## Que a magia celta ilumine a sua jornada!

Este livro foi escrito não apenas como um guia, mas como um testemunho de uma jornada que transformou minha vida. A magia celta não é somente um conjunto de rituais ou crenças – ela é uma conexão profunda com os ritmos da natureza, com a sabedoria ancestral e com os mistérios que ecoam ao longo do tempo. Desde que entrei nesse caminho, senti sua força moldando minha percepção do mundo, me guiando durante os desafios e trazendo clareza, proteção e inspiração em minha jornada.

A espiritualidade celta me ensinou a ouvir os sussurros das árvores, a sentir o poder dos rios e das montanhas, e a compreender que tudo na vida segue um ciclo – de crescimento, de transformação e de renascimento. Ela me mostrou que o passado, o presente e o futuro estão interligados, e que somos parte de algo muito maior do que podemos compreender. Cada festival celebrado, cada ritual realizado e cada símbolo celta que carrego comigo fortalecem minha conexão com esse saber antigo, me permitindo caminhar com mais propósito e consciência.

Minha esperança é que esse conhecimento também ilumine sua jornada. Que, ao trilhar esse caminho, você encontre crescimento, proteção e inspiração, assim como eu encontrei. Que os deuses e espíritos da natureza o guiem e que a magia celta o transforme de maneiras que talvez você ainda nem imagine. Que sua ligação com os antigos mistérios fortaleça sua essência espiritual e que, onde quer que vá, o espírito celta esteja sempre ao seu lado.

## Bênção final

*Que os ventos te conduzam com leveza e alegria,*
*Sussurrando segredos de luz a cada novo dia.*
*Que a terra te receba com um abraço acolhedor,*
*E sustente teu caminho, com todo o seu amor.*
*Que as águas tragam serenidade e paz,*
*Levando embora tudo o que te faz parar ou voltar atrás.*
*Que o fogo te ilumine, clareando o teu passo,*
*Aquecendo teu coração, renovando o teu espaço.*
*Que os deuses e ancestrais caminhem contigo,*
*Velando por ti, com carinho e abrigo.*
*E quando o retorno se fizer tão doce e certo,*
*Que tua jornada tenha sido rica e cheia de afeto!*
*Te vejo por aí, pela vida, pelo vento,*
*Com um sorriso no rosto e o coração aberto.*
*Siga feliz, que a estrada é tua,*
*Com coragem e luz, a vida continua!*

# Referências Bibliográficas

BERRESFORD ELLIS, Peter. *A Brief History of the Celts*. London: Robinson, 2003.

BRIGGS, Katharine. *An Encyclopedia of Fairies: Hobgoblins, brownies, bogies, and other supernatural creatures*. New York: Pantheon Books, 1976.

CAMPBELL, John Gregorson. *The Gaelic Otherworld: Superstitions of the Highlands and Islands of Scotland and witchcraft and second sight in the Highlands and Islands*. Edinburgh: Birlinn, 2005.

CARR-GOMM, Philip; HEYGATE, Richard. *The Book of English Magic*. London: Hodder & Stoughton, 2009.

CONNOLLY, Peter. *Celtic Mythology*. London: Brockhampton Press, 1998.

CONWAY, D. J. *Celtic Magic*. St. Paul: Llewellyn Publications, 1990.

COOPER, J. C. *An Illustrated Encyclopedia of Traditional Symbols*. London: Thames & Hudson, 1978.

CUNLIFFE, Barry. *The Ancient Celts*. Oxford: Oxford University Press, 2018.

DAVIES, Sioned. *The Mabinogion*. Oxford: Oxford University Press, 2007.

DUNWICH, Gerina. *Celtic Magic*. St. Paul: Llewellyn Publications, 1991.

ELLIS, Peter Berresford. *Celtic Myths and Legends*. London: Robinson, 2002.

EVANS-WENTZ, W.Y. *The Fairy-Faith in Celtic Countries*. Oxford: Oxford University Press, 1911.

GREEN, Miranda J. *Symbol and Image in Celtic Religious Art*. London: Routledge, 1989.

GREEN, Miranda J. *The Gods of the Celts*. Stroud: Sutton Publishing, 1997.

GREEN, Miranda J. *The World of the Druids*. London: Thames & Hudson, 1997.

GUNDERSON, Laura. *Celtic Goddesses and Gods: The spirituality of the ancient celts*. New York: HarperCollins, 2015.

HUTTON, Ronald. *Stations of the Sun: A history of the ritual year in Britain*. Oxford: Oxford University Press, 1996.

HUTTON, Ronald. *The Pagan Religions of the Ancient British Isles: Their nature and legacy*. Oxford: Blackwell, 1991.

LE ROUX, Françoise; GUYONVARC'H, Christian-J. *The Druids*. London: Bloomsbury Academic, 2003.

MACCULLOCH, John Arnott. *The Religion of the Ancient Celts*. Edinburgh: T. & T. Clark, 1911.

MATTHEWS, Caitlín. *Encyclopaedia of Celtic Wisdom: A celtic shaman's sourcebook*. London: Element Books, 1994.

MATTHEWS, Caitlín; MATTHEWS, John. *The Celtic Shaman: A handbook*. London: Element Books, 1991.

MONAGHAN, Patricia. *The Red-Haired Girl from the Bog: The landscape of celtic myth and spirit*. Novato: New World Library, 2003.

Ó HÓGÁIN, Dáithí. *The Sacred Isle: Belief and religion in pre-christian Ireland*. Woodbridge: Boydell Press, 1999.

PATERSON, R. J. *Celtic Mythology: The nature and influence of celtic myth from druidism to arthurian legend*. London: HarperCollins, 1995.

REES, Alwyn; REES, Brinley. *Celtic Heritage: Ancient tradition in Ireland and Wales*. London: Thames & Hudson, 1961.

ROSS, Anne. *Pagan Celtic Britain*. London: Routledge & Kegan Paul, 1967.

ROSS, Anne. *The Folklore of the Scottish Highlands*. Gloucestershire: Tempus, 1993.

SPENCE, Lewis. *The Magic Arts in Celtic Britain*. London: Rider, 1945.

SPENCE, Lewis. *The History and Origins of Druidism*. London: Kessinger Publishing, 1994.

SYKES, Egerton. *Dictionary of Non-Classical Mythology*. London: Dent, 1993.

WOOD, Juliette. *The Celts: Life, myth, and art*. London: Thames & Hudson, 2002.